JN085573

会社別就活ハンドブックシリーズ

2025

サントリーHDの
就活ハンドブック

就職活動研究会 編
JOB HUNTING BOOK

は じ め に

　2021年春の採用から，1953年以来続いてきた，経団連（日本経済団体連合会）の加盟企業を中心にした「就活に関するさまざまな規定事項」の規定が，事実上廃止されました。それまで卒業・修了年度に入る直前の3月以降になり，面接などの選考は6月であったものが，学生と企業の双方が活動を本格化させる時期が大幅にはやまることになりました。この動きは2022年春そして2023年春へと続いております。

　また新型コロナウイルス感染者の増加を受け，新卒採用の活動に対してオンラインによる説明会や選考を導入した企業が急速に増加しました。採用環境が大きく変化したことにより，どのような場面でも対応できる柔軟性，また非接触による仕事の増加により，傾聴力というものが新たに求められるようになりました。

　『会社別就職ハンドブックシリーズ』は，いわゆる「就活生向け人気企業ランキング」を中心に，当社が独自にセレクトした上場している一流・優良企業の就活対策本です。面接で聞かれた質問にはじまり，業界の最新情報，さらには上場企業の株主向け公開情報である有価証券報告書の分析など，企業の多角的な判断・研究材料をふんだんに盛り込みました。加えて，地方の優良といわれている企業もラインナップしています。

　思い込みや憧れだけをもってやみくもに受けるのではなく，必要な情報を収集し，冷静に対象企業を分析し，エントリーシート作成やそれに続く面接試験に臨んでいただければと思います。本書が，その一助となれば幸いです。

　この本を手に取られた方が，志望企業の内定を得て，輝かしい社会人生活のスタートを切っていただけるよう，心より祈念いたします。

就職活動研究会

Contents

第1章

サントリーHDの会社概況

会社によって選考方法は千差万別。面接で問われる内容や採用スケジュールもバラバラだ。採用試験ひとつとってみても，その会社の社風が表れていると言っていいだろう。ここでは募集要項や面接内容について過去の事例を収録している。

また，志望する会社を数字の面からも多角的に研究することを心がけたい。

✔ グループ企業理念

■わたしたちの目的　Our Purpose

人と自然と響きあい、豊かな生活文化を創造し、「人間の生命（いのち）の輝き」をめざす。

■わたしたちの価値観　Our Values

Growing for Good
人として、企業として、社会のために成長し続けること。
成長し続けることで、社会を良くする力を大きくしていくこと。

やってみなはれ
失敗を恐れることなく、新しい価値の創造をめざし、
あきらめずに挑み続けること。

利益三分主義
事業活動で得たものは、自社への再投資にとどまらず、
お客様へのサービス、社会に還元すること。

■コーポレートメッセージ

水と生きる SUNTORY
自然と水の恵みに生かされる企業として、貴重な水資源を守ること。
さまざまな企業活動を通じて社会に潤いをもたらし、社会にとっての水であること。
社員一人ひとりが水のように自在にしなやかに挑戦できる会社であること。
「人間の生命の輝き」をめざす想いを、「水」に託して伝えるメッセージです。

✔ 会社データ

代表者	代表取締役会長　佐治 信忠 代表取締役社長　新浪 剛史
所在地	本社（大阪オフィス） 〒530-8203　大阪市北区堂島浜2-1-40 06-6346-1131（代表） サントリーワールドヘッドクォーターズ 〒135-8631　東京都港区台場2-3-3 03-5579-1000（代表）
創業	1899年
設立	2009年2月16日
資本金	700億円
事業内容	グループ全体の経営戦略の策定・推進，およびコーポレート機能
グループ会社	270社（2022年12月31日現在）
従業員数	40,885人（2022年12月31日現在）
連結売上収益 （酒税控除後）	26,588億円（2022年12月31日現在）
連結売上収益 （酒税込み）	29,701億円（2022年12月31日現在）
連結営業利益	2,765億円（2022年12月31日現在）

✔ 仕事内容

食品事業

日本

日本の清涼飲料市場は、商品カテゴリーの多様化・容器開発の進展・手売り流通の進化や自販機などの買場の充実と、お客様のニーズやライフスタイルの変化にともない、長期的に成長してきました。

特徴としては、無糖茶や水など、無糖の RTD 商品が市場で大きなシェアを占めていることや、自動販売機が普及しており飲料をいつでもどこでも買える環境が整っていることが挙げられます。

直近では、お客様の健康志向の高まりや、ひとり当たりの水分摂取量の増加により飲料の消費量が増加傾向にあるなどの変化が加速しています。

そのようなトレンドを踏まえて、SBF の日本事業では「水」「コーヒー」「無糖茶」を今後の成長カテゴリーと位置づけ、今後の取り組みを強化していきます。

「サントリー天然水」「BOSS」、「伊右衛門」、「やさしい麦茶」、「烏龍茶」といった私たちのコアブランドに注力し、ブランド価値の向上とさらなる成長を目指します。

また、既存カテゴリーにとらわれない新たな価値提案にも積極的に取り組みます。

欧州

欧州では、フランスの「Orangina」や英国の「Lucozade」、「Ribena」をはじめ、長年にわたって現地で愛されているブランドを中心に事業を行っています。

直近のトレンドとして、お客様の健康志向の高まりに加え、各国での砂糖税の導入が広まっていることを背景に、より「ナチュラル&ヘルシー」な飲料を求めるニーズが高まっているのが特徴です。

こうした状況を踏まえて、「Orangina」「Lucozade」「Ribena」「Schweppes」などの既存コアブランドの低糖・低カロリー化に取り組むとともに、低糖のプレミアムアイスティー「MayTea」を新たに開発し、フランス・ベルギー・スペインで発売しご好評をいただいています。

アジアパシフィック

アジアでは、清涼飲料事業と健康食品事業を行っています。

清涼飲料事業を展開するベトナム・タイ・インドネシアでは、現地で合弁会社を設立し、それぞれの飲料市場でお客様のニーズや現状に合わせて事業を展開しており、流通基盤の強化にも努めています。

健康食品事業では、タイを中心に、「Essence of Chicken」をはじめとする「BRAND'S」ブランドを製造・販売しています。長年に渡り、滋養ドリンクや家庭での常備食として、お客様から高い信頼をいただいている商品です。直近では、既存ブランドの強化に加え、サントリーのR&D技術を活かした「TEA+」「MYTEA」「goodmood」など、新しいカテゴリー開拓にも取り組みはじめています。

オセアニアでは、清涼飲料事業でエナジードリンク「V」を販売しています。

米州

米州では、ペプシコ社との合弁会社であるPepsi Bottling Venturesを通じて、ノースカロライナ州で清涼飲料事業を行っています。

強力なペプシコブランドの商品に加え、非炭酸市場の伸長を受けて水やコーヒー飲料にも注力しています。

さらに北米市場における、都市化・人口動態や消費行動の変化・健康志向をはじめとする消費者ニーズの多様化などを受けて、新しいビジネスの探索にも取り組んでいます。

スピリッツ事業

1923年、寿屋（現サントリー）の創業者・鳥井信治郎は、日本初のモルトウイスキー蒸溜所の建設に着手しました。古くから水生野（みなせの）と呼ばれた名水の地である京都郊外の山崎がサントリーウイスキー発祥の地となりました。

その後サントリーは、国産初の本格ウイスキー「サントリー白札」を1929年に発売。さらに、日本人の繊細な味覚に合う味わいをめざして「角瓶」を誕生させます。

1973年には、南アルプス・甲斐駒ヶ岳の麓、白州に新たな蒸溜所を開設。これら2つのウイスキーの理想郷で生み出された世界でも類を見ないほど多

彩な原酒と、高い技術によってシングルモルトウイスキー「山崎」「白州」、ブレンデッドウイスキー「響」を世に送り出しました。

それ以降も「より高い品質」をめざして努力を積み重ね、2017 年には世界的な酒類コンペティション「第 22 回インターナショナル・スピリッツ・チャレンジ 2017」において、「響 21 年」がワールドウイスキー部門最高賞「トロフィー」の受賞に加え、全部門の「トロフィー」の中から傑出した製品 1 品のみに授与される「シュプリーム チャンピオン スピリット」を受賞し、エントリーした全部門 1,480 品の頂点に立ちました。同商品の部門最高賞「トロフィー」受賞は 5 年連続 5 度目となります。

なお、サントリースピリッツ（株）は、高品質で多彩な製品を生み出したワールドウイスキー部門のウイスキーメーカー 1 社に贈られる「ワールドウイスキー プロデューサー オブ ザ イヤー」を受賞しました。

直近では 2022 年に同コンペティションにおいて「白州 25 年」がジャパニーズウイスキー部門最高賞「トロフィー」を受賞しました。

また国際的なウイスキー評論家ジム・マレー著の「ジム・マレー　ウイスキー・バイブル 2015」において「山崎シェリーカスク 2013」がジャパニーズ・ウイスキーとして初めての過去最高得点 97.5 点を獲得し、世界最高のウイスキーに選出されました。その他のブランドについても、世界的権威のある酒類コンペティションにおいて数々の表彰を受けています。

ビール事業

1986 年に麦芽 100％の生ビール「モルツ」を発売、さらに 1994 年には、「ホップス＜生＞」を発売し、発泡酒という新しい市場を創造。 続いて、原料にコーンを採用した「ジョッキ生」、麦の旨みを追求した「金麦」、糖質オフの「金麦＜糖質 75％ オフ※ 1＞」を発売するなど、新ジャンルカテゴリーにおいても新しい価値の提案を継続して行っています。 2015 年、スーパープレミアムクラスの「～ザ・プレミアム・モルツ～　マスターズドリーム」、2016 年には、"エールビール"の新提案として「ザ・プレミアム・モルツ〈香る〉エール」を発売しました。 また、需要が高まるノンアルコールビールテイスト飲料においても、2010 年に世界初※ 2、アルコールゼロ・カロリーゼロ・糖質ゼロという「3 つのゼロ」※ 3 を実現した「オールフリー」を発売。機能面のみならず、"ビールらしい味わい"と"すっきりとした後味"に高い

評価をいただいています。 2019年には、機能性表示食品の「からだを想う
オールフリー」を発売しました。そして、2021年には"本格ビールの味わい"
と"糖質ゼロ"という機能を両立した、「パーフェクトサントリービール」を
発売。

さらに2021年には「ビアボール」を発売し、"炭酸でつくる自由なビール"
という新しい市場を切り開きました。

お客様に新しい価値をお届けするため、これからも不断の研究開発を続けてい
きます。

ワイン事業

サントリーは国内で高品質なワインづくりを行うと共に、世界各国の名門ワイ
ナリーとグローバルなワインビジネスを展開しています。

1983年にフランス・ボルドー地方の名門「シャトー ラグランジュ」の経営
権を取得しました。欧米以外の企業として初のボルドーのグラン クリュ シャ
トー経営は、現地の伝統・習慣を尊重してあくまで品質重視のワインづくりに
徹し、取得後わずか数年で評価を飛躍的に引きあげるという実績を生みました。

1988年にはドイツ・ラインガウの「ロバート ヴァイル醸造所」の経営権を
取得。さらに「シャトー ベイシュヴェル」「シャトー ボーモン」の2つのシャ
トーと1つのネゴシアンを共同経営しています。

また、「ジョルジュ デュブッフ」「ドメーヌ バロン ド ロートシルト」「E.&J.
ガロ」「フレシネ」「ローラン・ペリエ」など各国の名門ワイナリーやシャンパ
ンハウスとも提携し、高品質な世界のワインをお客さまにお届けしています。

ウエルネス事業

健康志向が高まる中、サントリーは長年にわたる食の科学的研究や品質管理技
術を礎として健康・ライフサイエンス分野の事業に参入しました。1993年
にゴマの健康食品「セサミン」を発売した後、2001年からは、従来からの
健康関連の研究開発を一層強化することを目的に「健康科学研究所」を設立。
その研究成果をベースに、新しい商品群「自然のちから」シリーズを発売。「セ
サミンEX」「DHA & EPA+ セサミンEX」「ロコモア」「オメガエイド」「黒
酢にんにく」など、お客さまのニーズにお応えする商品を、お一人おひとりに
合った商品やサービスのご提案が可能な通信販売でお届けしています。また、
健康だけでなく、ドリンクタイプの商品「Liftage（リフタージュ）」や、ス

キンケア化粧品「F.A.G.E.（エファージュ）」、「VARON（ヴァロン）」といった内外美容商品もラインナップに加え、お客さまのトータルウエルネスの実現をサポートしています。

外食・加食・花・サービス

外食・加食

サントリーグループは、お酒と食の豊かで楽しい世界を生み出し、お客さまに新しい飲食シーンを提案するために、国内・海外でさまざまな業態を展開しています。バー・レストラン・パブを中心に約230店を展開する株式会社ダイナックホールディングス、カフェとバーを独自に融合させた「プロント」を中心に約300店を展開する株式会社プロントコーポレーション、そして惣菜等の製造、販売やレストラン経営を行う井筒まい泉株式会社。さらに海外でもメキシコ・アジアを中心に外食事業を展開しています。

花・サービス関連

サントリーでは、「自然」「生活文化」をテーマとした事業をグループ展開しています。

機能会社

サントリービジネスシステム株式会社

サントリービジネスシステム株式会社は、サントリーグループの経営のさらなる効率化を進めるために各事業会社に共通する業務・機能を集約し、各分野においてプロフェッショナルとしての専門性を発揮しています。
＜主な業務・機能＞
・経理、総務、人事領域などのシェアードサービス
・営業部門のバックヤード業務の集約、サポート
・グループ内の業務サポートとダイバーシティ＆インクルージョンの実践

サントリーシステムテクノロジー株式会社

サントリーシステムテクノロジー株式会社は、サントリーグループのＩＴ戦略を策定・推進すると共に、IT・デジタルを活用した各社の業務革新・新規事業創造を行っています。

＜主な業務＞
・ＩＴ・デジタル戦略の策定・推進
・業務システムの企画・開発・運用
・グローバルかつセキュアな IT インフラサービスの設計・構築
・データ分析による課題解決や事業機会の創出
・最新技術の調査・分析と、グループへの導入・検証
これらの業務を通じて、サントリーグループのグローバル成長牽引に取り組んでいます。

サントリーコーポレートビジネス株式会社

サントリーコーポレートビジネス株式会社は、サントリーグループ各社の様々な商品・サービスを組み合わせて、法人顧客の快適・効率的なオフィス運営に関する多様なニーズに合わせたソリューションを提供するほか、交通機関・レジャー施設を対象としたサントリーグループ各社の飲料·酒類の販売、および、外食企業向けに物件紹介などによる出店サポートも行っています。

研究開発

研究開発こそメーカーの命。これは、創業時からのサントリーグループの原点ともいえる考え方です。サントリーグループでは、酒類製造から始まるさまざまな商品開発の過程で、微生物や酵素の利用技術、蒸溜技術を深化させてきました。さらに、食品加工、分析などの技術やノウハウを積み重ね、新しい健康素材の探索・健康効能の研究、新たな花卉品種の開発、水科学など様々な研究開発を行ってきました。今後さらに、グループの持続的な成長に向け、「美味しさ」・「健康」・「水・花・環境」をテーマに新価値創造につながる研究開発を推進していきます。

✔ 先輩社員の声

ウイスキー原料の安定供給のため，
品質に軸足を置いて調達の刷新を進める。

【原料調達】
ウイスキー用樽の安定的な確保を目指し
グローバルなスキームづくりに挑む。

現在，私は原料部に所属し，主にウイスキー用麦芽と樽・樽材の調達を担当していま
す。各原料の安定的な供給体制を構築するとともに，品質の安定化やさらなるコスト
ダウンを目指した活動が，私の役割になります。2013年の秋，私がロンドン支店
から原料部に異動後，すぐに携わった案件が，アメリカン・ホワイト・オーク樽の調
達でした。ここで言うアメリカン・ホワイト・オーク樽とはバーボンの熟成に一度使
用した後の樽のことを差し，ウイスキーの熟成に不可欠な樽の一つです。

私が異動した頃，ウイスキーブームを背景に樽が全般的に不足し，世界中のウイスキー
メーカーが樽を取り合うという状況がありました。当社でも樽の安定的な確保が大き
な責務となっており，異動後の私に与えられた最初のミッションが，この樽の安定的
な供給体制の確立でした。

当時，当社はアメリカのサプライヤーから調達しており，2014年初頭にはアメリ
カ現地で樽の調達交渉を始める予定でした。しかし，ちょうどその頃，サントリーに
よるビーム社買収の情報が伝わりました。ビーム社はジム・ビーム銘柄で知られる世
界的なバーボンメーカーであり，ビーム社がサントリーのグループ会社になることで，
樽の調達スキームを抜本的に変革できる機会に恵まれることになったのです。私たち
は安定的な供給体制を築くために，ビーム社と連動した調達体制の検討にすぐさま入
りました。

樽そのものの不足や価格高騰という市況環境の中，ビーム社と協働することで，当時
のマーケットプライスよりも低い価格に抑え，かつ必要数量を安定的に確保すること
ができました。異動後すぐのミッションだったこともあり，ウイスキーの知識はもち
ろん，樽の知識もないなか，ビーム社の知見に学びながらの活動でしたが，シナジー
を活かして樽の安定的な供給体制の構築を実現できたことは最大の成果であったと思
います。

✔ 募集要項

掲載している情報は過去ものです。
最新の情報は各企業のHP等を確認してください。

募集部門	【ビジネス部門】【財経部門】 【デジタルテクノロジー部門】【生産研究部門】
応募資格	【ビジネス部門／財経部門】 2022年3月〜2025年9月に国内または海外の4年制大学以上を卒業・修了、または卒業見込み・修了見込みの方で職歴のない方。 【デジタルテクノロジー部門】 2022年3月〜2025年9月に国内または海外の4年制大学以上、または高等専門学校を卒業・修了（見込含む）の方。または第二新卒（2025年3月時点で、大学または大学院卒業後社会人経験3年未満）の方。 【生産研究部門】 2022年3月〜2025年9月に国内または海外の4年制大学以上を卒業見込み・修了見込みで職歴のない「理系学部学科全般」の方。 ※学部・学科・国籍不問 ※全国（海外含む）で働ける方を募集します。
業務内容 **（募集職種）**	【ビジネス部門】 ■酒類営業・食品営業（家庭用量販営業、料飲店営業、営業企画etc）　■マーケティング（酒類,食品,健康食品） ■専門スタッフ（経営企画、人事、広報、法務、知財、財務、経理、SCM、原料・包材調達etc） 【財経部門】 ■中期計画・次年度予算策定、予実管理　■ファイナンスガバナンス　■M＆Aファイナンス 【デジタルテクノロジー部門】 ■DX戦略企画　■デジタルマーケティング・UI/UX/サービスデザイン　■ITエンジニアリング　■データサイエンス・AIエンジニアリング　■先端技術リサーチ/エンジニアリング 【生産研究部門】 ■基礎研究　■商品開発・生産　■生産技術開発・生産 ※初期配属は、自身が希望する職種とその適性等を踏まえて、配属面談を通じて決定します。 ※中長期的なキャリアは、自身が描くキャリアと経験業務・スキル・適性等をもとに、幅広い分野で活躍して頂きます。

給与	2023年実績 大学卒：月給242,000円　修士了：月給258,400円 2024年4月（予定） 大学卒：月給265,000円　修士了：月給281,800円
諸手当	家族手当，通勤手当ほか
昇給	年1回（4月）
賞与	年2回（7月，12月）
休日休暇	年間121日（基本的には土日・祝日・年末年始が休日となるが、部門により曜日は異なる）、年次有給休暇、慶弔休暇、リフレッシュ休暇、育児休職、介護休職など
制度	健康保険、雇用保険、労災保険、厚生年金保険、従業員預金
福利厚生	法人会員施設の利用、会員制福利厚生会社サービスの適用，共済会、従業員のお子さんを対象とした社長からの入学祝 出産・育児サポート（法人契約シッター費用補助、短時間・時差勤務、フレックス勤務、キッズサポート休暇、不妊治療サポート），介護サポート（介護休職、ホームヘルパー利用補助、短時間・時差勤務、フレックス勤務、通院のための特別休暇、介護セミナー・ハンドブックの提供）
勤務地	全国各事業所、海外
勤務時間	9:00〜17:30 ※勤務地により多少異なる（標準労働時間7時間30分）

✔ 採用の流れ （出典：東洋経済新報社『就職四季報』）

エントリーの時期	【総・技】12〜3月
採用プロセス	【総・技】ES提出→書類選考・Webテスト→面接（複数回）→内々定

採用実績数

	大卒男	大卒女	修士男	修士女
2022年	37 (文：37 理：0)	35 (文：35 理：0)	25 (文：7 理：18)	11 (文：4 理：7)
2023年	62 (文：60 理：2)	61 (文：56 理：5)	23 (文：1 理：22)	22 (文：5 理：17)
2024年	69 (文：62 理：7)	82 (文：80 理：2)	48 (文：5 理：43)	26 (文：2 理：24)

採用実績校

【文系】
（大学院）大阪大学，慶應義塾大学，筑波大学，東京都立大学　他
（大学）早稲田大学，慶應義塾大学，関西学院大学，同志社大学，立教大学，立命館大学，東京大学，神戸大学，関西大学，上智大学，中央大学，学習院大学，国際基督教大学，大阪大学，明治大学　他
【理系】
（大学院）京都大学，大阪大学，慶應義塾大学，東京大学，北海道大学，九州大学，筑波大学，東京工業大学，東北大学，名古屋大学，上智大学，神戸大学　他
（大学）横浜国立大学，広島大学，上智大学，神戸大学　他

✔2023年の重要ニュース (出典：日本経済新聞)

■サントリー「プレモル」6年ぶりリニューアル　コク深く（1/12）

　サントリーは12日、主力ブランドのビール「ザ・プレミアム・モルツ」を2月にリニューアルすると発表した。リニューアルは2017年以来6年ぶり。独自の製法で麦芽を加工し、香りや深いコクを際立たせた。

　同日開いた23年の事業方針説明会で明らかにした。特殊な製法で穀皮を取り除き、コクに寄与するたんぱく質を多く含んだ「磨きダイヤモンド麦芽」を一部に使用した。

　2月28日に通常商品と「ザ・プレミアム・モルツ　〈香る〉エール」もリニューアルし、3月28日に「ザ・プレミアム・モルツ　マスターズドリーム」も刷新する予定。3品を一度にリニューアルするのは初めてという。価格は3品とも据え置く。10月に酒税改正でビールの減税が予定されており、第三のビールなどからビールに需要がシフトするとみる。サントリーは減税に向け新商品の開発を進めており、ビールカンパニーの西田英一郎社長は「引き続きイノベーティブな商品の開発に取り組んでいきたい」と話した。

■缶コーヒーのボス、25円値上げ　サントリーBFが5月から（2/2）

　サントリー食品インターナショナル（サントリーBF）は2日、缶コーヒー「ボス」などのメーカー希望小売価格（税抜き）を5月から25円引き上げると発表した。値上げ幅は過去最大で、容量185グラムのショート缶は115円から140円になる。原材料や容器、輸送費などの高騰分を転嫁する。飲料各社はサントリーBFに追随する見込みだ。

　缶コーヒーの希望小売価格（同）の引き上げは1998年に105円から115円に引き上げて以来、25年ぶりになる。対象は「ボス　レインボーマウンテンブレンド」や「サントリー　烏龍茶」といった缶商品などの42品。値上げ率は19〜22％になる。缶コーヒーの自販機での販売価格は現在の税込み130円から5月以降は150〜160円になる見通しだ。自販機などでの販売価格引き上げは消費増税のあった14年以来、9年ぶりだ。

　サントリーBFは22年10月にペットボトル飲料を値上げした。缶コーヒーは他の飲料と価格は同程度で容量は少ないため、収益性が高く、値上げを見送っていた。飲料総研（東京・新宿）の宮下和浩氏は「各メーカーとも例外なくコス

トが高騰している。プライスリーダーであるサントリーの値上げに各社が追随するのは確実」と指摘する。

■サントリー、輸入ワイン販社を買収　中高価格帯を強化 (6/21)

サントリーは 21 日、国内でワインの輸入販売を手がけるヴィノスやまざき（静岡市）を買収すると発表した。9 月 1 日付で全株式を取得する。取得金額は明らかにしていない。中高価格帯に強みを持つヴィノスやまざきの販路を生かし、ワインの販売を増やす。

1913 年創業のヴィノスやまざきは、全国 27 の店舗と自社サイトで主に輸入ワインなどを販売している。海外のワイナリーから直接ワインを仕入れるサービスを手掛ける。2023 年 3 月期の売上高は約 32 億円で、5 月末時点の従業員数は 152 人。

22 年秋ごろに両社のトップが面会。23 年 2 月にサントリーが出資の意向を示し、ヴィノスやまざきが受け入れた。サントリーは 1983 年に買収した仏ボルドーの「シャトー・ラグランジュ」や、国産ワイン「SUNTORY FROM FARM」シリーズの「登美の丘」「塩尻メルロ」などを手掛けている。

■サントリーがウイスキー値上げ　「響 30 年」は 36 万円に (11/21)

サントリーは 21 日、国産ウイスキーの「響」や「山崎」など 5 ブランド 19 品目を 2024 年 4 月 1 日出荷分から値上げすると発表した。希望小売価格を 2 割から最大約 2.3 倍に引き上げる。国産ウイスキーは国内外で評価が高まり、店頭での品薄が続く。値上げを原資に毎年 100 億円規模の設備投資をし、供給量を増やす。

「サントリーウイスキー　響 30 年」はこれまでの税別 16 万円から 36 万円、「サントリーシングルモルトウイスキー　山崎 12 年」や「同　白州 12 年」は 1 万円から 1 万 5000 円になる。響、山崎、白州、知多は 22 年 4 月以来 2 年ぶりの値上げになる。

サントリーは同日、ワインや輸入ウイスキーなど 19 ブランド 98 品目についても 24 年 4 月 1 日出荷分から値上げすると発表した。原材料の大麦やブドウの価格が高騰しているほか輸送コストも上昇しているため。値上げ幅は 4％ 〜 57％。「ザ・マッカラン　30 年」は 23 年 3 月以来の値上げで、これまでの税別 35 万 1360 円から 55 万円になる。

✔2022年の重要ニュース （出典：日本経済新聞）

■サントリーHD、国内生産拠点の購入電力を全て再エネに（3/29）

　サントリーホールディングス（HD）は29日、国内のすべての生産・研究拠点で購入する電力を4月1日から100％再生可能エネルギー由来の電力に切り替えると発表した。米州や欧州も含めた世界の生産・研究拠点で購入する電力のうち、再エネ由来は9割超となる。2020年比で15万トンの温暖化ガスを削減できるという。

　飲料、酒類事業など国内全30カ所の生産・研究拠点の購入電力を4月から切り替える。サントリーホールや本社オフィスなど8カ所も100％再エネ化する。これまでの購入電力に占める再エネ由来の電力の比率は1％程度だった。

　サントリーHDは22年までに、日本、米州、欧州の全生産・研究拠点で100％再エネ電力を使用する目標を掲げる。国内のビール大手で購入電力の全量を再エネ化するのは初めてだという。

　サントリーHDは30年までに温暖化ガスの排出量を19年比で50％削減し、50年までにバリューチェーン全体で実質ゼロにすることを目指している。30年までに設備投資を含め約1000億円を投じ、バイオマスなど環境負荷の低い燃料への転換なども進める予定。

■サントリー、ペットボトル飲料20円値上げ　10月から一律（5/16）

　サントリー食品インターナショナル（サントリーBF）が10月1日にペットボトル入り清涼飲料を値上げすることが16日、分かった。容器に使う樹脂などの原材料価格が上昇するなか、コスト増加分を価格に転嫁する。2リットルの大型ボトルや500ミリリットル前後の小型品の希望小売価格について、容量にかかわらず一律20円引き上げる。他の飲料メーカーにも同様の動きが広がる見通し。

　スーパーやコンビニエンスストア、自動販売機などで販売する「サントリー天然水」「サントリー緑茶　伊右衛門」など大半の飲料ブランドのペットボトル商品を値上げする。500ミリリットル前後の小型ボトルで20円の値上げ幅は過去最大。自販機で160円の商品は180円になる。缶入り商品は一部を除き価格を据え置く。

　小型ボトルは1996年の業界での導入以来、消費増税などを理由とした値上げ

はあったが、原材料高を理由とした値上げは異例という。自販機についても消費増税による値上げはあったが、上昇幅は 10 円が目立った。

　飲料メーカーは急激な原料高や物流費の高騰が重くなっている。アルミや樹脂などが高止まりし、サントリー BF の 2022 年 1 〜 3 月期は円安の進行や原材料市況の影響で売上総利益が 30 億円分目減りした。19 年にはスーパーなどの大型ボトル飲料のみ 20 円引き上げたが、販売競争の激化で店頭での値上げは浸透しなかった。今回はコスト高が重く、より強い姿勢で値上げ交渉を進めるとみられる。

　飲料業界ではコカ・コーラボトラーズジャパンが 5 月から大型ボトルのスーパーなど向け出荷価格を 5 〜 8% 引き上げている。飲料総研（東京・新宿）によると、スーパーやコンビニなどでのサントリー BF のシェアは 20 年に 23.3% とコカ・コーラを抜いて首位。実質的なプライスリーダーであるサントリー BF が値上げに踏み切ることで、他の飲料メーカーも追随する見通し。

　コカ・コーラボトラーズジャパンも、コスティン・マンドレア執行役員が小型ボトルについて「値上げの最終段階の検討に入っている」として、年内の価格引き上げを目指している。生活に身近な飲料の値上げは消費者心理にも影響を与え、節約志向が強まる可能性がある。

■サントリー、ウイスキーやワインを値上げ　3 〜 30%（12/6）

　サントリーは 6 日、ウイスキーやリキュールなど輸入酒とワインをおよそ 3 〜 30% 値上げすると発表した。ウイスキーなど輸入酒は 2023 年 3 月出荷分からメーカー希望小売価格を 170 品で 3 〜 28% 程度、ワインは同 4 月出荷分から店頭想定価格を 91 品で 5 〜 30% 程度値上げする。原材料価格や輸送費用が高騰しており、販売価格への転嫁を決めた。

　輸入酒はウイスキー「ジムビーム」や「メーカーズマーク」、ワインは「酸化防止剤無添加のおいしいワイン。」や「赤玉スイートワイン」などを対象とする。

　輸入ウイスキーは 22 年 4 月、輸入ワインは 22 年 9 月に値上げを実施したばかりだが、再値上げに踏み切る。同社は「直近の原材料や資材、輸送コスト高騰に伴う製造コストなどが上昇しており、企業努力だけでは吸収できない状況だ」と話す。

■サントリーHD、「日本ワイン」30年販売量を2倍に（1/20）

　サントリーホールディングスは2030年に「日本ワイン」の販売量を20年比で2倍の10万ケース（1ケースは750ミリリットル12本換算）に増やす。20日に子会社のサントリーワインインターナショナルが開いた21年の事業方針説明会で明らかにした。1日に就任したサントリーワイン新社長の吉雄敬子氏は「ブドウの品質を上げ、良質なワインを提供したい」と話した。

　「日本ワイン」は国内で栽培したブドウを国内の醸造所で醸造する。日本ワインの販売は20年は19年比12%減の5万2000ケースだった。コロナ下で飲食店向けの販売が減ったことが響いた。21年は家飲み需要を取り込むことで、20年比1割増の5万7千ケースを目指す。30年の目標達成に向け、消費者とのブランド接点の拡大など情報発信を強化する。同社によると1本あたり1200円を超える「日本ワイン」の消費者は、年齢構成で20〜30歳代の割合が3割を超え、同価格帯の一般的なワインに比べても高いという。

　日本ワインの販売増に向け、自社畑の面積も広げる。サントリーの直営畑と、同社の農業生産法人が管理する畑、農家との契約栽培の畑の面積の合計を20年の65㌶から25年に94㌶に拡大する計画だ。20年9月には青森県弘前市とJAつがる弘前との3者で、津軽産ブドウの生産拡大で協定を結んだ。全国各地のワイン向けブドウ畑を巡回し、ブドウの品質を高める社内の専任者を21年1月に配置した。

　サントリーホールディングスの国内ワイン事業の4社の20年の合計売上高は19年比で8%減の419億円だった。売上高の約7割を占める家庭用が6%伸びた一方、約3割を占める飲食店向けが34%減少したことが響いた。このうち中核を担うサントリーワインインターナショナルの国内事業の販売量実績は19年比で2%増の666万ケースだった。21年は688万ケースと3%増を目指す。国内ワイン事業の4社の合計売上高は8%増の453億円を目指す。

■ 30年に温暖化ガス半減　目標引き上げ（4/21）

　サントリーホールディングス（HD）は2030年までに自社拠点での温暖化ガスの排出量を19年比で50%削減する。これまで15年比で25%としていた削減目標を引き上げる。自社で排出する二酸化炭素（CO_2）を金額換算し、投資判断に使う「インターナルカーボンプライシング（内部炭素価格）」も年内に導入

する。

　30年までに自社拠点で25%、バリューチェーン全体で20%としていた削減目標を、それぞれ50%と30%削減に引き上げる。再生可能エネルギーの導入や省エネ活動などを推進する。年内には内部炭素価格をグループ各社で導入する。排出されるCO2を独自に金額換算することで、新規の投資の際に環境負荷をコストとして見える化して判断材料に組み込む。

　温暖化による世界の気温上昇を産業革命前に比べセ氏1.5度以内に抑える国際目標「ビジネスアンビションフォー1.5℃」にも署名した。

　サントリーHDは長野県大町市の新工場で再生可能エネルギーの調達やバイオマス燃料を使ったボイラーを導入して同工場でのCO2の排出量を実質ゼロにするなど、環境負荷の低減を進めてきた。18年には中期の削減目標となる「環境目標2030」を制定。20年には50年までに温暖化ガス排出を実質ゼロにする長期目標「環境ビジョン2050」も掲げた。今回の中期目標の改定で、キリンホールディングスなど酒類大手と同程度の削減目標となる。

■日米欧の生産拠点で再エネ100%　22年めど（7/1）

　サントリーホールディングスは1日、2022年までに日米欧の工場など計63カ所の自社の生産研究拠点で使用する電力をすべて再生可能エネルギー由来に切り替えると発表した。30年までに温暖化ガス削減に向けた設備投資などに1000億円を投じる。SDGs（持続可能な開発目標）など企業の脱炭素への活動に関心が高まる中で、取り組みを加速させる。

　対象となるのは日本が28カ所、米国やカナダなどが米州が11カ所、欧州が24カ所で、オフィスなどを含めたグループ全体の電力使用量のうち54%を占める。現在の再生エネの使用率は3割程度で、今後は太陽光や風力、地熱発電などの自家発電を増やすほか、再生エネの購入など外部からの調達も合わせ使用率を100%に高める。

　30年までに設備投資を含め計1000億円を投じることも明らかにした。バイオマスなど環境負荷の低い燃料への転換や生産設備の更新、製造工程の見直しなどに充てる。30年時点に想定される温暖化ガス排出量は、何も対策をしなかった場合に比べて100万トン削減できる見通しという。

　同社は4月、30年までの自社拠点での温暖化ガスの排出量の目標を引き上げた。従来は15年比で25%減だったが、新たに19年比で50%減の目標を掲げている。自社で排出する二酸化炭素（CO2）を金額換算し、投資判断に使う「インターナルカーボンプライシング（内部炭素価格）」も年内に導入する予定だ。

✔ 就活生情報

自己分析して，どんな質問でも答えられるようにしておきましょう。

生産技術1 2020卒

エントリーシート
・形式：指定の用紙に手で記入
・内容：挑戦と創造の経験をA4用紙1枚に自由記載

セミナー
・選考とは無関係
・服装：リクルートスーツ
・内容：Webセミナー

面接（個人・集団）
・雰囲気：和やか
・回数：2回
・内容：入社してやりたいこと／研究・趣味・特技の深掘り

内定
・拘束や指示：他社の辞退
・通知方法：電話
・タイミング：予定より早い

● その他受験者からのアドバイス
・連絡が早い。
・自信を持って面接に臨むことが大切。面接時間も15〜20分と短い
・ので端的にテンポ良く必要がある。
・自己分析して何でも答えられるようにするとよい。

学生時代に頑張ったことは深堀りされるため，きちんと説得力を持って話せるようにしておきましょう。

総合職 2020 卒

エントリーシート

・形式：サイトからダウンロードした用紙に手で記入
・人生における創造と挑戦の歴史について，入社したら成し遂げたいことに
・ついて，A4 一枚に自由に書く

セミナー

・選考とは無関係
・服装：リクルートスーツ
・内容：パワーポイントを用いた企業説明，いくつかのグループに分かれていて気軽に質問できる座談会

筆記試験

・形式：Web テスト
・課目：英語 / 数学，算数 / 国語，漢字 / 性格テスト
・内容：GAB テストセンター

面接（個人・集団）

・雰囲気は和やか。
・学生時代頑張ったこと，志望動機，幼少期からの行動特性，OB 訪問は
・したかどうか，自己紹介，学生時代に力を入れたことの深堀り

内定

・通知方法：電話
・拘束や指示はなかったが二日に一回くらい電話が来た

● その他受験者からのアドバイス

・グループ面接は時間が短いので簡潔に言う練習が必要
・就職活動には絶対的な答えがない。人の言うことをうのみにするのでは
・なく自分に合った就活の仕方や，どこに自分の就活の課題があるのか
・を早く認識することが重要。そのためにもいろんな企業に足を運ぶべき。

生産研究部門 2019卒

エントリーシート

・提出期日は，4月10日
・提出方法は，マイページ上で
・質問は，今までの人生における挑戦または創造の経験について，サント
・リーの生産研究部門で具体的にやってみたい仕事とその理由等

筆記試験

・WEB テスト
・実施場所は，企業オフィス（東京）
・形式は，テストセンター
・試験科目は，言語，非言語，性格診断

面接（個人・集団）

・質問内容は，志望動機，学生時代頑張ったこと，研究内容，入社したらやっ
　てみたいこと，他に志望している会社はどこか，その中で志望度は何番目か，
　キリンやアサヒでないのはなぜか，どういう基準，評価軸を持って就職活動を
　行ってきたか，競合他社との違いはなんだと思うか　等

内定

・内定時期は，5月
・承諾検討期間は，2週間

自己分析や業界研究は早すぎるということはありません。すべてにおいて事前準備をすすめておくことで，かなり有利に進めます。

生産研究部門 2017卒

エントリーシート

・内容は，サントリーで具体的にやってみたい仕事とその理由，今までの
・人生での「挑戦」や「創造」の経験
・形式は，サイトからダウンロードした用紙に手で記入

セミナー

・服装は，リクルートスーツ
・内容は，大学主催の合説(15 〜 20 分程度)で参加，飲料業界，企業紹介

筆記試験

・形式は，Webテスト
・課目は，英語／数学，算数／国語，漢字
・内容は，・ES 通過後に受験

面接（個人・集団）

・雰囲気は，和やか
・質問内容は，志望動機やセールスポイント，趣味
・回数は，2回

内定

・拘束や指示は，進んでいる他企業の選考辞退
・通知方法は，電話
・タイミングは，予定より遅かった

● その他受験者からのアドバイス

・ES通過者限定で研究所見学があり，現場の社員数人との座談会があっ
・た。
・人事の方が気さくで，面接の控室で色々お話ししてくれた。
・内々定連絡時に他企業辞退するよう言われた。

とにかく面接をたくさん受けていると，質問されることがだいたいわかってきます。面接はなるべく多く経験しておきましょう。

財経部門 2017卒

エントリーシート
・内容は，入社してやりたい仕事とその理由，人生における「挑戦」又は「創
・造」の経験
・形式は，サイトからダウンロードした用紙に手で記入

セミナー
・選考との関係は，無関係だった
・服装は，リクルートスーツ
・内容は，ES過後，一次面接の前に社員座談会がある。4人の社員さん
・の話を15分程ずつ聞いた。

筆記試験
・形式は，Webテスト
・課目は，英語／数学，算数／国語，漢字
・内容は，・ES通過後に受験。

面接（個人・集団）
・雰囲気は，和やか
・質問内容は，ESに沿った内容，志望動機や志望度，キャリアビジョン，
・仕事に生かせる強み，弱み，小中高今に至るまでの話など
・回数は，4回

内定
・通知方法は，電話

▶ その他受験者からのアドバイス
・毎回面接前に緊張をほぐすために人事の方とお話する時間がもらえる
・選考スピードが遅い

□□□□□□□□□□□□
□□□□□□□□□□□□

ビジネス職 2021卒

エントリーシート
・内容は，志望職種と動機，「創造」あるいは「挑戦」の経験
・形式は，サイトからダウンロードした用紙に手で記入

セミナー
・選考との関係は，無関係だった
・服装は，きれいめの服装
・内容は，業界説明，企業紹介

筆記試験
・形式は，Webテスト
・課目は，英語／数学，算数／国語，漢字
・内容は，玉手箱

面接（個人・集団）
・雰囲気は，和やか
・質問内容は，志望動機，学生時代がんばった事，小学生の頃はどんな子だっ
・たか，最後に言い残した事があれば
・回数は，5回

内定
・通知方法は，電話

就職活動は早め早めで進めてください。付け焼刃の自己分析は，実際の面接の場面では何の役に立ちません。

総合職 2017卒

エントリーシート

・内容は，サントリーで具体的にやってみたい仕事とその理由，これまでの人生における「挑戦」または「創造」の経験について
・形式は，サイトからダウンロードした用紙に手で記入

セミナー

・選考との関係は，無関係だった
・服装は，リクルートスーツ
・内容は，ES通過者のみの説明会では，企業説明と社員懇談会があった

筆記試験

・形式は，Webテスト
・課目は，英語／数学，算数／国語，漢字
・内容は，SPI

面接（個人・集団）

・雰囲気は，和やか
・質問内容は，ほぼESに沿った質問。最終面接では初めの10分で志望理
・由を聞かれ，残りの10分は趣味について
・回数は，4回

内定

・拘束や指示は，他社選考の辞退
・通知方法は，電話
・タイミングは，予定通り

● その他受験者からのアドバイス

・面接が非常に和やかで，素を引き出してくれる
・内定者が人によってまちまちだったようだ

同業他社との違いについて，しっかり研究しておくこと。面接で志望動機に絡めて質問されることが多い。

総合職 2016卒

エントリーシート
・ダウンロードして，プリントアウトして手書きで記入する形式だった。

セミナー
・選考とは無関係だった。
・服装はリクルートスーツ着用。
・内容は「社員座談会」など。

筆記試験
・形式はWebテスト。
・課目は，英語，数学，国語など。

面接（個人・集団）
・回数は4回だった。

内定
・通知方法は電話だった。

辛くて何度もくじけそうになる就職活動ですが，その分，自分自身を成長させることができます。

総合職 2016卒

エントリーシート
・ダウンロードして，プリントアウトして手書きで記入する形式だった。
・内容は「サントリーで具体的にやってみたい仕事とその理由」「今までの
・人生における挑戦または創造の経験について」など。
・A4サイズの用紙に自由に記入するものだった。

セミナー
・選考とは無関係だった。
・服装はリクルートスーツ着用。
・内容は「企業紹介」「先輩社員の仕事内容」「役員の講演会」など。

筆記試験
・形式は記述式。
・課目は，英語，数学，国語，性格テストなど。

面接（個人・集団）
・回数は2回だった。
・内容は「業界選択の理由」「志望動機」「研究について」「特技について」「周囲の人たちからはどういう人だと言われるか」「入社後に何をしたいか」など。

内定
・通知方法は電話だった。

> 4 社しかないビール業界なので，徹底的に比較して，あなたなりの問題意識を持ちましょう

ビジネス部門 2015卒

エントリーシート

- ダウンロードして，プリントアウトして手書きで記入。
- 内容は履歴書と「サントリーで具体的にやってみたい仕事とその理由」「今
- までの人生における『挑戦』，または『創造』の経験について」。必ずしも
- 手書きでなくても良い。図や写真を用いなくても良い。

セミナー

- 選考とは無関係だった。
- 服装はリクルートスーツ着用。
- 内容は社内座談会だった。

筆記試験

- 形式は作文とWeb テスト，その他。
- 科目は数学，算数/ 国語，漢字/ 性格テストだった。
- エントリーシート通過後にWeb テストと社内懇親会の案内が来る。二次面接時に5 分間の計算テストと30 分の小論文があった。

面接（個人・集団）

- 雰囲気はとにかく和やか，質問内容に関しては幅広い。回数は4回だった。
- 一次は学生3：社員1. 志望動機など。二次は学生1：社員1〜2。サントリーでどういうキャリアを歩みたいかなど。三次は学生1：社員1。ウイスキーを売るためにはどうすればいいかなど。最終は学生1：社員4。
- 他社状況，挫折経験など。

内定

- 最終面接は始まる前に人事部の方がリラックスさせてくれた。
- 通知方法は電話だった。

● その他受験者からのアドバイス

- 選考スピードは遅め。
- それぞれの面接での面接時間が短いので注意。
- 他社との違いを考えるために，決算などを読み比べた方がよい。

✔ 有価証券報告書の読み方

01 部分的に読み解くことからスタートしよう

　「有価証券報告書（以下，有報）」という名前を聞いたことがある人も少なくはないだろう。しかし，実際に中身を見たことがある人は決して多くはないのではないだろうか。有報とは上場企業が年に1度作成する，企業内容に関する開示資料のことをいう。開示項目には決算情報や事業内容について，従業員の状況等について記載されており，誰でも自由に見ることができる。

　一般的に有報は，証券会社や銀行の職員，または投資家などがこれを読み込み，その後の戦略を立てるのに活用しているイメージだろう。その認識は間違いではないが，だからといって就活に役に立たないというわけではない。就活を有利に進める上で，お得な情報がふんだんに含まれているのだ。ではどの部分が役に立つのか，実際に解説していく。

■有価証券報告書の開示内容

　では実際に，有報の開示内容を見てみよう。

有価証券報告書の開示内容
第一部【企業情報】
第1　【企業の概況】
第2　【事業の状況】
第3　【設備の状況】
第4　【提出会社の状況】
第5　【経理の状況】
第6　【提出会社の株式事務の概要】
第7　【提出会社の状参考情報】
第二部【提出会社の保証会社等の情報】
第1　【保証会社情報】
第2　【保証会社以外の会社の情報】
第3　【指数等の情報】

有報は記載項目が統一されているため，どの会社に関しても同じ内容で書かれている。このうち就活において必要な情報が記載されているのは，第一部の第1【企業の概況】～第5【経理の状況】まで，それ以降は無視してしまってかまわない。

02 企業の概況の注目ポイント

　第1【企業の概況】には役立つ情報が満載。そんな中，最初に注目したいのは，冒頭に記載されている【主要な経営指標等の推移】の表だ。

回次		第25期	第26期	第27期	第28期	第29期
決算年月		平成24年3月	平成25年3月	平成26年3月	平成27年3月	平成28年3月
営業収益	（百万円）	2,532,173	2,671,822	2,702,916	2,756,165	2,867,199
経常利益	（百万円）	272,182	317,487	332,518	361,977	428,902
親会社株主に帰属する当期純利益	（百万円）	108,737	175,384	199,939	180,397	245,309
包括利益	（百万円）	109,304	197,739	214,632	229,292	217,419
純資産額	（百万円）	1,890,633	2,048,192	2,199,357	2,304,976	2,462,537
総資産額	（百万円）	7,060,409	7,223,204	7,428,303	7,605,690	7,789,762
1株当たり純資産額	（円）	4,738.51	5,135.76	5,529.40	5,818.19	6,232.40
1株当たり当期純利益	（円）	274.89	443.70	506.77	458.95	625.82
潜在株式調整後1株当たり当期純利益	（円）	―	―	―	―	―
自己資本比率	（％）	26.5	28.1	29.4	30.1	31.4
自己資本利益率	（％）	5.9	9.0	9.5	8.1	10.4
株価収益率	（倍）	19.0	17.4	15.0	21.0	15.5
営業活動によるキャッシュ・フロー	（百万円）	558,650	588,529	562,763	622,762	673,109
投資活動によるキャッシュ・フロー	（百万円）	△370,684	△465,951	△474,697	△476,844	△499,575
財務活動によるキャッシュ・フロー	（百万円）	△152,428	△101,151	△91,367	△86,636	△110,265
現金及び現金同等物の期末残高	（百万円）	167,525	189,262	186,057	245,170	307,809
従業員数 [ほか，臨時従業員数]	（人）	71,729 [27,746]	73,017 [27,312]	73,551 [27,736]	73,329 [27,313]	73,053 [26,147]

　見慣れない単語が続くが，そう難しく考える必要はない。特に注意してほしいのが，**営業収益**，**経常利益**の二つ。営業収益とはいわゆる**総売上額**のことであり，これが企業の本業を指す。その営業収益から営業費用（営業費（販売費＋一般管理費）＋売上原価）を差し引いたものが**営業利益**となる。会社の業種はなんであれ，モノを顧客に販売した合計値が営業収益であり，その営業収益から人件費や家賃，広告宣伝費などを差し引いたものが営業利益と覚えておこう。対して経常利益は営業利益から本業以外の損益を差し引いたもの。いわゆる金利による収益や不動産収入などがこれにあたり，本業以外でその会社がどの程度の力をもっているかをはかる絶好の指標となる。

■会社のアウトラインを知れる情報が続く。

　この主要な経営指標の推移の表につづいて、「会社の沿革」、「事業の内容」、「関係会社の状況」「従業員の状況」などが記載されている。自分が試験を受ける企業のことを、より深く知っておくにこしたことはない。会社がどのように発展してきたのか、主としている事業はどのようなものがあるのか、従業員数や平均年齢はどれくらいなのか、志望動機などを作成する際に役立ててほしい。

03 事業の状況の注目ポイント

　第2となる【事業の状況】において、最重要となるのは**業績等の概要**といえる。ここでは1年間における収益の増減の理由が文章で記載されている。「○○という商品が好調に推移したため、売上高は△△になりました」といった情報が、比較的易しい文章で書かれている。もちろん、損失が出た場合に関しても包み隠さず記載してあるので、その会社の1年間の動向を知るための格好の資料となる。

　また、業績については各事業ごとに細かく別れて記載してある。例えば鉄道会社ならば、①運輸業、②駅スペース活用事業、③ショッピング・オフィス事業、④その他といった具合だ。**どのサービス・商品がどの程度の売上を出したのか**、会社の持つ展望として、今後**どの事業をより活性化**していくつもりなのか、などを意識しながら読み進めるとよいだろう。

■「対処すべき課題」と「事業等のリスク」

　業績等の概要と同様に重要となるのが、「**対処すべき課題**」と「**事業等のリスク**」の2項目といえる。ここで読み解きたいのは、その会社の**今後の伸びしろ**について。いま、会社はどのような状況にあって、どのような課題を抱えているのか。また、その課題に対して取られている対策の具体的な内容などから経営方針などを読み解くことができる。リスクに関しては法改正や安全面、他の企業の参入状況など、会社にとって決してプラスとは言えない情報もつつみ隠さず記載してある。客観的にその会社を再評価する意味でも、ぜひ目を通していただきたい。

　次代を担う就活生にとって、ここの情報はアピールポイントとして組み立てやすい。「新事業の○○の発展に際して……」、「御社が抱える●●というリスクに対して……」などという発言を面接時にできれば、面接官の心証も変わってくるはずだ。

最後に注目したいのが，第5【経理の状況】だ。ここでは，簡単にいえば【主要な経営指標等の推移】の表をより細分化した表が多く記載されている。ここの情報をすべて理解するのは，簿記の知識がないと難しい。しかし，そういった知識があまりなくても，読み解ける情報は数多くある。例えば**損益計算書**などがそれに当たる。

連結損益計算書

(単位：百万円)

	前連結会計年度 (自 平成26年4月1日 至 平成27年3月31日)	当連結会計年度 (自 平成27年4月1日 至 平成28年3月31日)
営業収益	2,756,165	2,867,199
営業費		
運輸業等営業費及び売上原価	1,806,181	1,841,025
販売費及び一般管理費	※1 522,462	※1 538,352
営業費合計	2,328,643	2,379,378
営業利益	427,521	487,821
営業外収益		
受取利息	152	214
受取配当金	3,602	3,703
物品売却益	1,438	998
受取保険金及び配当金	8,203	10,067
持分法による投資利益	3,134	2,565
雑収入	4,326	4,067
営業外収益合計	20,858	21,616
営業外費用		
支払利息	81,961	76,332
物品売却損	350	294
雑支出	4,090	3,908
営業外費用合計	86,403	80,535
経常利益	361,977	428,902
特別利益		
固定資産売却益	※4 1,211	※4 838
工事負担金等受入額	※5 59,205	※5 24,487
投資有価証券売却益	1,269	4,473
その他	5,016	6,921
特別利益合計	66,703	36,721
特別損失		
固定資産売却損	※6 2,088	※6 1,102
固定資産除却損	※7 3,957	※7 5,105
工事負担金等圧縮額	※8 54,253	※8 18,346
減損損失	※9 12,738	※9 12,297
耐震補強重点対策関連費用	8,906	10,288
災害損失引当金繰入額	1,306	25,085
その他	30,128	8,537
特別損失合計	113,379	80,763
税金等調整前当期純利益	315,300	384,860
法人税、住民税及び事業税	107,540	128,972
法人税等調整額	26,202	9,326
法人税等合計	133,742	138,298
当期純利益	181,558	246,561
非支配株主に帰属する当期純利益	1,160	1,251
親会社株主に帰属する当期純利益	180,397	245,309

　主要な経営指標等の推移で記載されていた**経常利益**の算出する上で必要な営業外収益などについて，詳細に記載されているので，一度目を通しておこう。
　いよいよ次ページからは実際の有報が記載されている。ここで得た情報をもとに有報を確実に読み解き，就職活動を有利に進めよう。

企業の概況

1 主要な経営指標等の推移

(1) 連結経営指標等

回次		第10期	第11期	第12期	第13期	第14期
決算年月		2018年12月	2019年12月	2020年12月	2021年12月	2022年12月
売上収益（酒税込み）	（百万円）	2,517,258	2,569,230	2,367,632	2,559,223	2,970,138
売上収益（酒税控除後）	（百万円）	2,250,782	2,294,704	2,108,316	2,285,676	2,658,781
税引前利益	（百万円）	232,347	241,505	201,042	237,447	261,818
当期利益	（百万円）	181,387	182,435	129,670	155,398	188,533
親会社の所有者に帰属する当期利益	（百万円）	140,151	140,940	100,408	113,965	136,211
当期包括利益	（百万円）	102,920	177,229	50,632	369,621	511,177
親会社の所有者に帰属する当期包括利益	（百万円）	75,497	135,751	26,498	308,854	430,471
親会社の所有者に帰属する持分	（百万円）	1,272,770	1,398,534	1,416,157	1,710,005	2,131,561
総資産額	（百万円）	4,421,864	4,516,779	4,521,286	4,934,010	5,480,390
1株当たり親会社所有者帰属持分	（円）	1,856.01	2,039.41	2,065.10	2,493.61	3,108.34
基本的1株当たり当期利益	（円）	204.39	205.53	146.42	166.19	198.63
希薄化後1株当たり当期利益	（円）	－	－	－	－	－
親会社所有者帰属持分比率	（％）	28.8	31.0	31.3	34.7	38.9
親会社所有者帰属持分当期利益率	（％）	11.3	10.6	7.1	7.3	7.1
株価収益率	（倍）	－	－	－	－	－
営業活動によるキャッシュ・フロー	（百万円）	250,384	321,613	231,397	280,779	244,436
投資活動によるキャッシュ・フロー	（百万円）	△104,196	△120,525	△133,948	△152,519	△120,952
財務活動によるキャッシュ・フロー	（百万円）	△232,938	△218,969	△10,612	△178,385	△131,755
現金及び現金同等物の期末残高	（百万円）	272,425	255,302	338,259	297,717	301,938
従業員数 [外、平均臨時雇用人員]	（人）	39,466 [8,873]	40,210 [8,629]	40,044 [6,973]	40,275 [7,039]	40,885 [6,779]

(point) 主要な経営指標等の推移

　　数年分の経営指標の推移がコンパクトにまとめられている。見るべき箇所は連結の売上，利益，株主資本比率の３つ。売上と利益は順調に右肩上がりに伸びているか，逆に利益で赤字が続いていたりしないかをチェックする。株主資本比率が高いとリーマンショックなど景気が悪化したときなどでも経営が傾かないという安心感がある。

(注) 1. 国際会計基準 (以下「IFRS」という。) により連結財務諸表を作成しています。
    2. 希薄化後1株当たり当期利益については，潜在株式が存在しないため記載していません。
    3. 株価収益率については，当社株式は非上場ですので記載していません。

(2) 提出会社の経営指標等 ···

回次		第10期	第11期	第12期	第13期	第14期
決算年月		2018年12月	2019年12月	2020年12月	2021年12月	2022年12月
営業収益	(百万円)	107,068	136,843	133,297	108,473	122,448
経常利益	(百万円)	69,297	94,050	88,196	67,395	55,198
当期純利益	(百万円)	65,668	89,297	83,999	51,247	48,224
資本金	(百万円)	70,000	70,000	70,000	70,000	70,000
発行済株式総数	(千株)	687,136	687,136	687,136	687,136	687,136
純資産額	(百万円)	750,898	831,853	905,806	948,817	991,479
総資産額	(百万円)	2,072,627	2,085,813	2,215,751	2,278,693	2,354,477
1株当たり純資産額	(円)	1,094.99	1,213.05	1,320.89	1,383.61	1,445.82
1株当たり配当額 （うち1株当たり中間配当額）	(円)	13 (－)	13 (－)	13 (－)	13 (－)	13 (－)
1株当たり当期純利益金額	(円)	95.77	130.22	122.49	74.73	70.32
潜在株式調整後1株当たり 当期純利益金額	(円)	－	－	－	－	－
自己資本比率	(%)	36.2	39.9	40.9	41.6	42.1
自己資本利益率	(%)	9.1	11.3	9.7	5.5	5.0
株価収益率	(倍)	－	－	－	－	－
配当性向	(%)	13.6	10.0	10.6	17.4	18.5
従業員数	(人)	434	433	462	482	1,213
株主総利回り	(%)	－	－	－	－	－
(比較指標：－)	(%)	(－)	(－)	(－)	(－)	(－)
最高株価	(円)	－	－	－	－	－
最低株価	(円)	－	－	－	－	－

(注)1. 潜在株式調整後1株当たり当期純利益金額については，潜在株式が存在しないため記載していません。
    2. 株価収益率，株主総利回り，比較指標，最高株価及び最低株価については，当社株式は非上場で
       すので記載していません。
    3. 「収益認識に関する会計基準」（企業会計基準第29号2020年3月1日）等を当事業年度の期首から適
       用しており，当事業年度に係る主要な経営指標等については，当該会計基準等を適用した後の指標
       等となっています。

2 沿革

年　月	概　要
2009年2月	・サントリー（株）の株式移転により設立
2009年4月	・当社は，サントリー（株）が営む事業の一部を吸収分割の方法により承継し，同時にサントリー（株）は，サントリー（株）が営む事業の一部を，サントリー食品（株），サントリーワインインターナショナル（株）に吸収分割の方法により承継し，サントリープロダクツ（株），サントリーウエルネス（株），サントリービア＆スピリッツ（株），サントリービジネスエキスパート（株）に新設分割の方法により承継するとともに，サントリー（株）の商号をサントリー酒類（株）に変更し，当社を持株会社とする純粋持株会社制に移行
2009年11月	・欧州のOrangina Schweppes Holdings S.à r.l（組織再編により現Orangina Schweppes Holding B.V.）を買収
2011年1月	・当社の海外食品事業部門において営む事業をサントリー食品（株）に承継させる吸収分割を実施 ・サントリー食品（株）が，サントリー食品インターナショナル（株）に商号変更
2011年10月	・サントリー食品インターナショナル（株）とガルーダ・フード・グループの合弁会社PT SUNTORY GARUDA BEVERAGEが，インドネシアにおいて事業を開始
2013年4月	・サントリー食品インターナショナル（株）とPepsiCo, Inc.の合弁会社 PEPSICO INTERNATIONAL － VIETNAM COMPANY（現Suntory PepsiCo Vietnam Beverage Co., Ltd.）が，ベトナムにおいて事業を開始
2013年7月	・サントリー食品インターナショナル（株）が，東京証券取引所市場第一部に上場
2014年1月	・サントリー食品インターナショナル（株）が，GlaxoSmithKline plcから譲り受けた「Lucozade」「Ribena」の製造・販売事業を，Lucozade Ribena Suntory Limitedにおいて開始
2014年5月	・米国のBeam Inc.（現Beam Suntory Inc.）を買収
2014年10月	・サントリー酒類（株）が，同社のビール事業をサントリービール（株）に承継させる吸収分割を実施
2015年1月	・サントリー酒類（株）が，サントリースピリッツ（株）に商号変更 ・サントリービア＆スピリッツ（株）が，サントリー酒類（株）に商号変更
2015年7月	・サントリー食品インターナショナル（株）が，（株）ジャパンビバレッジホールディングスを買収
2016年4月	・サントリーフーズ（株）が，同社の自動販売機事業等をサントリービバレッジソリューション（株）に承継させる吸収分割を実施
2017年3月	・サントリービール（株）及びサントリーワインインターナショナル（株）が，サントリーBWS（株）を株式移転により設立

(point) **沿革**

どのように創業したかという経緯から現在までの会社の歴史を年表で知ることができる。過去に行った重要なM＆Aなどがいつ行われたのか，ブランド名はいつから使われているのか，いつ頃から海外進出を始めたのか，など確認することができて便利だ。

2017年4月	・サントリーBWS（株）が，サントリー酒類（株）を子会社とするため，同社の全株式を取得 ・サントリービジネスエキスパート（株）が，同社が営むグループ共通のビジネスシステム業務に係る事業をサントリービジネスシステム（株）に承継させ，グループ共通の宣伝・デザイン及びお客様リレーション業務に係る事業をサントリーコミュニケーションズ（株）に承継させる会社分割を実施 ・サントリービジネスエキスパート（株）が，サントリーMONOZUKURIエキスパート（株）に商号変更
2017年6月	・FRUCOR BEVERAGES LIMITED が，FRUCOR SUNTORY NEW ZEALAND LIMITEDに商号変更
2018年3月	・サントリー食品インターナショナル（株）と PepsiCo, Inc.の合弁会社 Suntory PepsiCo Beverage（Thailand）Co., Ltd.がタイにおいて事業を開始
2018年7月	・（株）ダイナックが持株会社制に移行し，（株）ダイナックホールディングスに商号変更
2020年4月	・サントリービジネスシステム（株）が，同社が営むグループのIT戦略の策定・推進，ITによる業務革新支援に係る事業をサントリーシステムテクノロジー（株）に承継させる会社分割を実施
2021年3月	・サントリーホールディングス（株）が，サントリーシステムテクノロジー（株）の全株式を取得
2021年6月	・サントリーホールディングス（株）が，（株）ダイナックホールディングスの全株式を取得
2022年1月	・サントリービバレッジソリューション（株），サントリービバレッジサービス（株）及び（株）ジャパンビバレッジを統合し，サントリービバレッジソリューション（株）において，自動販売機等事業の営業を開始 ・当社が，サントリーMONOZUKURIエキスパート（株）及びサントリーコミュニケーションズ（株）の営む事業を吸収合併の方法により承継
2022年4月	・サントリー食品インターナショナル（株）が，東京証券取引所の市場区分の見直しにより，東京証券取引所の市場第一部からプライム市場に移行
2022年7月	・サントリースピリッツ（株）が，サントリーBWS（株），サントリービール（株），サントリーワインインターナショナル（株）及びサントリー酒類（株）の営む事業を吸収合併の方法により承継するとともに，サントリー（株）に商号変更

(point) **事業の内容**

会社の事業がどのようにセグメント分けされているか，そして各セグメントではどのようなビジネスを行っているかなどの説明がある。また最後に事業の系統図が載せてあり，本社，取引先，国内外子会社の製品・サービスや部品の流れが分かる。ただセグメントが多いコングロマリットをすぐに理解するのは簡単ではない。

　当社及び関係会社は，持株会社制を導入しており，当社，親会社，子会社235社及び持分法適用会社34社より構成され，飲料・食品及び酒類の製造・販売，更にその他の事業活動を行っています。当社は，グループ全体の経営戦略の策定・推進及びコーポレート機能を果たしています。当社グループが営んでいる主な事業内容と当該事業を構成している各関係会社の当該事業における位置づけは次のとおりです。

[飲料・食品セグメント]

　サントリー食品インターナショナル（株）及びその子会社は，日本，アジアパシフィック，欧州，米州等のエリアで，清涼飲料の製造・販売を行っています。

　日本では，サントリーフーズ（株）が，サントリー食品インターナショナル（株）が製造・輸入する清涼飲料の国内におけるスーパー，量販店，コンビニエンスストアを通じた販売及び自動販売機オペレーターを通じた販売を行っています。また，サントリービバレッジソリューション（株）が，サントリー食品インターナショナル（株）が製造・輸入する清涼飲料の自動販売機等による直接販売を担当しています。さらに，（株）ジャパンビバレッジホールディングスが，サントリービバレッジソリューション（株）への清涼飲料等の販売を担当しています。加えて，サントリープロダクツ（株）が，サントリー食品インターナショナル（株）より清涼飲料の製造を受託しています。

　アジアパシフィックでは，Suntory Beverage & Food International（Thailand）Co., Ltd.及びその子会社がタイを含む東南アジア，台湾等で健康食品の製造・販売を行っています。また，PT SUNTORY GARUDA BEVERAGE及びその子会社が，インドネシアで清涼飲料の製造・販売を行っています。さらに，Suntory PepsiCo Vietnam Beverage Co., Ltd.が，ベトナムで清涼飲料の製造・販売を行っています。加えて，Suntory PepsiCo Beverage（Thailand）Co., Ltd.が，タイで清涼飲料の製造・販売を行っています。また，FRUCOR SUNTORY NEWZEALAND LIMITED，FRUCOR SUNTORY AUSTRALIA PTY. LIMITED等が，ニュージーランド等で清涼飲料の製造・販売を行っています。欧州では，Orangina Schweppes Holding B. V.及びその子会社並びにLucozade Ribena

Suntory Limited及びその子会社が，清涼飲料の製造・販売を行っています。米州では，Pepsi Bottling Ventures LLC及びその子会社が清涼飲料の製造・販売を行っています。

[酒類セグメント]

Beam Suntory Inc.及びその子会社は，米国をはじめ世界の様々なエリアで，スピリッツの製造・販売を行っています。サントリー（株）は，スピリッツ，ビール類及びワインの製造・販売を行っています。

[その他セグメント]

サントリーウエルネス（株）は，健康補助食品，特定保健用食品，栄養機能食品の製造・販売を行っています。

ハーゲンダッツジャパン（株）は，高級アイスクリームの製造・販売を行っています。

（株）ダイナックホールディングスは，飲食店経営等の外食事業を行う同社子会社の経営戦略策定・推進等を行っています。

サントリーフラワーズ（株）は，花苗・切花の生産・販売等を行っています。

サントリー（中国）ホールディングス有限公司等は，中国で酒類・飲料事業を行っています。

サントリービジネスシステム（株）は，グループ共通のビジネスシステムの業務に係る事業を行っています。

サントリーシステムテクノロジー（株）は，グループのIT戦略の策定・推進，ITによる業務革新支援に係る事業を行っています。

サントリーグローバルイノベーションセンター（株）は，グループ全体の価値向上，事業成長のための基盤研究・技術開発を行っています。

当社グループの状況を，事業系統図に示すと次のとおりです。

寿不動産㈱ ※1

サントリーホールディングス㈱(持株会社)

[飲料・食品] 計 82社

製造委託　＜日本＞
サントリー食品インターナショナル㈱
　↓ 販売
サントリーフーズ㈱
　↓ 販売
納入　サントリービバレッジソリューション㈱

→ サントリープロダクツ㈱

＜アジア・パシフィック＞
Suntory Beverage & Food International (Thailand) Co.,
Ltd. 及びその子会社
PT SUNTORY GARUDA BEVERAGE 及びその子会社
Suntory PepsiCo Vietnam Beverage Co., Ltd.
Suntory PepsiCo Beverage (Thailand) Co., Ltd.
FRUCOR SUNTORY NEW ZEALAND LIMITED
FRUCOR SUNTORY AUSTRALIA PTY. LIMITED

＜欧州＞
Orangina Schweppes Holding B.V. 及びその子会社
Lucozade Ribena Suntory Limited 及びその子会社

＜米州＞
Pepsi Bottling Ventures LLC 及びその子会社

[酒類] 計 119社

サントリー㈱

＜スピリッツ＞
スピリッツカンパニー ← Beam Suntory Inc.
　　　　　　　販売　及びその子会社

＜ビール類＞
ビールカンパニー

＜ワイン＞
ワインカンパニー

販売

(酒類販売)
セールスマーケティングカンパニー

[その他] 計 68社

＜健康食品＞
サントリーウエルネス㈱
＜アイスクリーム＞
ハーゲンダッツジャパン㈱ ※2
＜外食＞
㈱ダイナックホールディングス
＜花＞
サントリーフラワーズ㈱
＜中国事業＞
サントリー(中国)ホールディングス有限公司 他
(機能会社)
サントリービジネスシステム㈱
サントリーシステムテクノロジー㈱
サントリーグローバルイノベーションセンター㈱

(注)1. ※1 は親会社です。
　　 2. 二重枠線内、※2 は持分法適用会社です。※2 以外は連結子会社です。

---

point **関係会社の状況**

主に子会社のリストであり，事業内容や親会社との関係についての説明がされている。
特に製造業の場合などは子会社の数が多く，すべてを把握することは難しいが，重要
な役割を担っている子会社も多くある。有報の他の項目では一度も触れられていない
場合が多いので，気になる会社については個別に調べておくことが望ましい。

名称	住所	資本金	主要な事業の内容	議決権の所有又は被所有割合(%)	役員の兼任	資金援助	その他の関係
							関係内容
（親会社）寿不動産㈱	大阪府大阪市北区	122百万円	その他	被所有 89.5	あり	－	－
（連結子会社）				所有			
*1 *2 サントリー食品インターナショナル㈱	東京都港区	168,384百万円	飲料・食品	59.4	あり		ロイヤリティーの受取 間接業務の受託 不動産等の賃貸
サントリーフーズ㈱	東京都港区	1,000百万円	飲料・食品	100.0 (100.0)	－		不動産等の賃貸
サントリービバレッジソリューション㈱	東京都新宿区	80百万円	飲料・食品	100.0 (100.0)	－		不動産等の賃貸
㈱ジャパンビバレッジホールディングス	東京都新宿区	100百万円	飲料・食品	82.7 (82.7)	－		
サントリープロダクツ㈱	東京都港区	1,000百万円	飲料・食品	100.0 (100.0)	－		不動産等の賃貸
*1 Suntory Beverage & Food Asia Pte. Ltd.	シンガポール	982,996千SGD	飲料・食品	100.0 (100.0)	－		－
*5 Suntory Beverage & Food International (Thailand) Co., Ltd.	タイ バンコク	250百万THB	飲料・食品	100.0 (100.0)	－		－
*1 PT SUNTORY GARUDA BEVERAGE	インドネシア ジャカルタ	198,048百万IDR	飲料・食品	75.0 (75.0)	－		－
*1 Suntory PepsiCo Vietnam Beverage Co., Ltd.	ベトナム ホーチミン	5,597,429百万VND	飲料・食品	100.0 (100.0)	－		－
*1 Suntory PepsiCo Beverage (Thailand) Co., Ltd.	タイ バンコク	16,085,250千THB	飲料・食品	51.0 (51.0)	－		－
*1 FRUCOR SUNTORY NEW ZEALAND LIMITED	ニュージーランド オークランド	446,709千NZ$	飲料・食品	100.0 (100.0)	－		－
*1 FRUCOR SUNTORY AUSTRALIA PTY. LIMITED	オーストラリア ニューサウスウェールズ	249,200千A$	飲料・食品	100.0 (100.0)	－		－
Orangina Schweppes Holding B.V.	オランダ アムステルダム	18千EUR	飲料・食品	100.0 (100.0)	－		－
*1 Lucozade Ribena Suntory Limited	イギリス ロンドン	602百万GBP	飲料・食品	100.0 (100.0)	－		－
*1 Pepsi Bottling Ventures LLC	アメリカ ノースカロライナ	215,554千US$	飲料・食品	65.0 (65.0)	－		－
*1 Beam Suntory Inc.	アメリカ ニューヨーク	10US$	酒類	100.0 (100.0)	あり	あり	－
*1 *6 サントリー㈱	東京都港区	15,000百万円	酒類	100.0	あり	あり	ロイヤリティーの受取 不動産等の賃貸
サントリーウエルネス㈱	東京都港区	500百万円	その他	100.0	－		ロイヤリティーの受取 不動産等の賃貸
㈱ダイナックホールディングス	東京都港区	50百万円	その他	100.0	－		不動産等の賃貸
サントリーフラワーズ㈱	東京都港区	100百万円	その他	100.0	－		ロイヤリティーの受取
*1 サントリー(中国)ホールディングス有限公司	中国 上海市	1,696,604千元	その他	100.0	－		－

名称	住所	資本金	主要な事業の内容	議決権の所有又は被所有割合（%）	関係内容		
					役員の兼任	資金援助	その他の関係
サントリービジネスシステム㈱	東京都港区	100百万円	その他	100.0	－	－	ロイヤリティーの受取 間接業務の委託 不動産等の賃貸
サントリーシステムテクノロジー㈱	大阪府大阪市北区	100百万円	その他	100.0	－	あり	ロイヤリティーの受取 間接業務の委託 不動産等の賃貸
サントリーグローバルイノベーションセンター㈱	東京都港区	100百万円	その他	100.0	－	－	ロイヤリティーの受取 不動産等の賃貸
その他211社							
（持分法適用会社） ハーゲンダッツジャパン㈱	東京都目黒区	460百万円	その他	40.0	－	－	－
その他33社							

(注) 1. 主要な事業の内容欄には，セグメントの名称を記載しています。

2. ＊1は特定子会社に該当します。

3. ＊2は有価証券報告書を提出している会社です。

4. 議決権の所有又は被所有割合欄の下段（ ）内数字は間接所有割合であり，上段数字に含まれています。

5. Suntory Beverage & Food International（Thailand）Co., Ltd.は，2022年3月1日付で，旧商号 BRAND'S SUNTORY INTERNATIONAL CO., LTD.から現在の商号に変更しました。

6. 2022年7月1日付で，サントリースピリッツ（株）を吸収合併存続会社，サントリーBWS（株）・サントリービール（株）・サントリーワインインターナショナル（株）及びサントリー酒類（株）をそれぞれ吸収合併消滅会社とする吸収合併を実施し，吸収合併後，サントリー（株）に商号変更しました。

7. サントリーフーズ（株）については，売上高（連結会社相互間の内部売上高を除く）の連結売上高に占める割合が10%を超えています。この会社の主要な損益情報等（日本基準）は次のとおりです。

　　　サントリーフーズ（株）

　売上高　　　506,628百万円

　経常利益　　　4,312百万円

　当期純利益　　3,360百万円

　純資産額　　　8,819百万円

　総資産額　　189,923百万円

8. サントリー酒類（株）については，売上高（連結会社相互間の内部売上高を除く）の連結売上高に占める割合が10%を超えています。この会社の主要な損益情報等（日本基準）は次のとおりです。

　　　サントリー酒類（株）

　売上高　　　　513,597百万円

　経常利益　　　59,139百万円

　当期純利益　　49,649百万円

　純資産額　　　306,221百万円

　総資産額　　1,983,210百万円

(point) **従業員の状況**

主力セグメントや，これまで会社を支えてきたセグメントの人数が多い傾向があるのは当然のことだろう。上場している大企業であれば平均年齢は40歳前後だ。また労働組合の状況にページが割かれている場合がある。その情報を載せている背景として，労働組合の力が強く，人数を削減しにくい企業体質だということを意味している。

5 従業員の状況

(1) 連結会社の状況 ·····

セグメントの名称	従業員数（人）
飲料・食品	23,485 [1,294]
酒類	9,763 [179]
その他	6,424 [5,299]
全社（共通）	1,213 [7]
合計	40,885 [6,779]

(注) 従業員数は就業人員であり，臨時従業員数は［ ］内に当連結会計年度の平均人員を外数で記載しています。

(2) 提出会社の状況 ·····

2022年12月31日現在

従業員数（人）	平均年齢（歳）	平均勤続年数（年）	平均年間給与（円）
1,213	45.0	19.7	11,400,117

(注) 1. 従業員数は就業人員であり，臨時従業員数は従業員数の100分の10未満であるため，記載していません。
2. 平均勤続年数は，持株会社体制への移行前のサントリー（株）における勤続年数を通算して記載しています。
3. 平均年間給与は，賞与及び基準外賃金を含んでいます。
4. 提出会社の従業員数は全てセグメントの「全社（共通）」に含まれるため，合計人数のみ記載しています。
5. 前事業年度末に比べ従業員数が731名増加しておりますが，主として2022年1月1日付でサントリーMONOZUKURIエキスパート（株）及びサントリーコミュニケーションズ（株）を吸収合併したことによるものです。

(3) 労働組合の状況 ·····

提出会社の労働組合は，28支部からなるTHE SUNTORY UN!ONを結成し，2022年12月31日現在の組合員数は3,729人です。

なお，労使関係について特記すべき事項はありません。

■ 事業の状況

1 経営方針，経営環境及び対処すべき課題等

　文中の将来に関する事項は，当連結会計年度末現在において，当社グループが判断したものです。

(1)　経営方針及び経営戦略等 ···

　当社グループは，"人と自然と響きあい，豊かな生活文化を創造し，「人間の生命の輝き」をめざす"ことをわたしたちの目的とし，よき企業市民として最高の品質をめざした商品やサービスをグローバルでお届けしていきます。

　そのために，創業以来，脈々と受け継がれている「やってみなはれ」の精神に基づき，安全・安心・高品質な商品やサービスをお届けするとともに，お客様ニーズを起点とした，ユニークでプレミアムな需要の創造に，積極果敢に挑戦し続けていきたいと考えています。また，「利益三分主義」のもと，積極的な社会貢献にも努めてまいります。さらに，「Growing for Good」の実現を目指して，温室効果ガス（GHG）排出削減・水資源の保全・資源の循環利用促進等の地球環境保全，サプライチェーンにおける人権の尊重に加え，人々の心豊かで健康な生活への貢献等の取組みを更に加速させ，サステナビリティ経営を推進してまいります。

　当社グループは，今後も市場環境の変化を的確に捉え，事業基盤を強化するとともに総合力を発揮して新たな価値の創造に挑戦することにより，「水と生きるSUNTORY」として，生命の輝きに満ちた持続可能な社会の実現と更なる企業価値の向上を図ってまいります。グループ一丸となって，世界で最も信頼され，愛される，オンリーワンの食品酒類総合企業グループを目指し，世界各地で更なる革新と挑戦を続けてまいります。

(2)　経営環境及び対処すべき課題等 ···

　当社グループの経営環境は，国際情勢や競合の激化等，変化が更に加速するものと予測されます。当社グループはかかる経営環境を対処すべき課題と認識しています。このような課題に対処するため，当社グループは，グローバルでインテリジェンス機能及び組織ネットワークをより強固にし，今後も市場環境の変化に

---

point **業績等の概要**

　この項目では今期の売上や営業利益などの業績がどうだったのか，収益が伸びたあるいは減少した理由は何か，そして伸ばすためにどんなことを行ったかということがセグメントごとに分かる。現在，会社がどのようなビジネスを行っているのか最も分かりやすい箇所だと言える。

迅速に対応し未知なる価値の創造へ挑戦するとともに，経営方針及び経営戦略等に基づき，グローバルに展開する"食品酒類総合企業グループ"として更なる成長と収益力の強化を図ります。

（セグメント別）
飲料・食品セグメント
　飲料・食品セグメントでは，変動の激しい外部環境が続くことが想定されますが，たゆみなく事業構造を進化させ，ダイバーシティに富む新経営体制のもと，グローバルで更なる攻勢を仕掛けていきます。また，コアブランドイノベーションを加速させ，更なる売上成長を目指します。厳しいコスト環境が継続する想定のもと，売上収益の伸長及びサプライチェーンのコスト削減活動の徹底により，利益体質の改善を目指します。日本では，「コアブランドの成長加速」「自販機事業構造改革」「サプライチェーン構造革新」を事業戦略の重点領域とします。アジアパシフィック・欧州では，コアブランドイノベーションやコスト削減活動の徹底等により更なるコスト増の吸収に取り組んでいきます。米州では，主力である炭酸カテゴリーの強化を進めるとともに，伸長する非炭酸カテゴリーの更なる拡大に取り組みます。

酒類セグメント
　酒類セグメントでは，スピリッツ事業は，世界のプレミアムスピリッツのリーダーとして，プレミアムブランドの育成により，販売数量の伸長を上回る売上成長を目指します。日本では，ウイスキーは，2023年に100周年を迎えるところ，品質・価値向上と需要創造を推進し，市場の成長をけん引し続けます。プレミアムウイスキーは，主要ブランド「碧 Ao」のブランド育成に加えて，蒸溜所起点でのコミュニケーションの推進やギフト施策等を通じて品質価値の訴求を強化します。ハイボールは，家庭用・業務用それぞれで需要の継続的な拡大を図ります。RTD は，「−196℃」「こだわり酒場」「ほろよい」等の主要ブランドの更なるブランド育成を図るとともに，お客様のニーズを捉えた新価値提案を継続し，事業拡大を目指します。スピリッツ・リキュールは，「こだわり酒場」「翠」「ROKU」等を通じて，お客様接点の拡大や新たな需要創造に取り組みます。

ビール事業は，事業の中核となるブランドのバリューアップ，「ビアボール」の定着化，更なる新価値提案等により，新たな飲用需要を創造し，ビール類総市場の活性化を図ります。

　「ザ・プレミアム・モルツ」ブランドは，「ザ・プレミアム・モルツ」の中味・パッケージを刷新し，時代に合わせた"新プレミアム創造"を目指します。「同〈香る〉エール」は中味・パッケージを刷新し，「同〈ジャパニーズエール〉香るエール」として，個性を楽しめる"ジャパニーズエール"の独自価値の訴求を更に強化します。また，「同マスターズドリーム」缶を発売し，"名店が選んだビール"としてブランド全体の価値向上に取り組みます。「パーフェクトサントリービール」は，業務用・家庭用の連携を強化します。「金麦」ブランドは，中味・パッケージを刷新した「金麦」「同〈糖質75％オフ〉」「同〈ザ・ラガー〉」のそれぞれの特長を活かしたマーケティング活動を展開し，"日常的に家で飲むのに一番ふさわしいビール類"を目指します。「オールフリー」ブランドは，「オールフリー」「からだを想うオールフリー」の2本柱を中心に，"健康を気遣えてリフレッシュできる"ノンアルコールビールテイスト飲料の魅力を広くお届けし，更なるファン拡大を図ります。

　ワイン事業は，お客様とワインの距離をより近づけ市場を活性化させる取組みを強化します。国産ワインは，日本ワイン「SUNTORY FROM FARM」を通じて，日本固有ブドウ品種「甲州」を中心にした商品軸でのお客様接点の拡大，サステナブルなワインづくり，ワイナリーを起点にしたコミュニケーションを継続します。「酸化防止剤無添加のおいしいワイン。」ブランドは，定番商品4種のリニューアルに加え，「同〈無濾過〉」を発売します。「ノンアルでワインの休日」はノンアルコールスパークリングワインテイスト飲料の訴求を，「サントリーワインカフェ〈ワインソーダ〉」はワインのソーダ割りの訴求を強化するリニューアルを行います。輸入ワインでは，「タヴェルネッロオルガニコ」のオーガニックワインをサステナブルなワインとして引き続き訴求します。「ドメーヌバロンドロートシルトサガRボルドー」は，ボルドー地方メドック地区における第1級格付けにおける筆頭ワイナリーとしての歴史と伝統，日本人に合ったなめらかな味わい等，改めてブランド価値を発信し，お客様の共感獲得を図ります。

その他セグメント

その他セグメントでは，健康食品事業は，引き続き「ロコモア」「オメガエイド」等に注力します。外食事業は，お客様のニーズを捉えた商品やサービスを提供するとともに，収益力の強化を図ります。

サステナビリティ
ガバナンス

当社グループでは，グループのグローバルな事業拡大に伴い，海外グループ会社を含めたグループ全体のリスクマネジメント推進体制を強化するため，グローバルリスクマネジメント委員会を設置しています。グローバルリスクマネジメント委員会のもと，各事業会社にリスクマネジメント委員会やリスクマネジメントチームを設置し，これらの委員会・チームを通じて，当社グループのリスクの把握及び対策の実行をしています。

グローバルリスクマネジメント委員会は，四半期に一度開催し，気候変動等のサステナビリティに関する種々の課題を含め重要なリスク要因を把握・議論し，対応状況をモニタリングしています。

サステナビリティに関する課題については，別途グローバルサステナビリティ委員会を設置の上，四半期に一度程度開催し，当社グループで定めた「サステナビリティ・ビジョン」の「サステナビリティに関する7つのテーマ」を中心に，当社グループ全社と事業の中・長期戦略に関する議論をしています。

グローバルリスクマネジメント委員会とグローバルサステナビリティ委員会とは常に連携をとり，重要な意思決定事項については，取締役会で更なる議論を行い，審議・決議を行います。サステナビリティ戦略の進捗やリスクと成長機会については，定期的にリスクの特定及びリスク低減活動を行う他，定期的に取締役会に報告し，取締役会において，サステナビリティ戦略の方針・計画等について議論・監督しています。また，取締役会では，定期的に外部有識者を招いて勉強会を実施する等，サステナビリティ経営に関するアドバイスを受ける機会を設けています。

また，役員報酬の決定に用いる目標には「サステナビリティ」の項目が設定さ

れています。

リスク管理

　グローバルリスクマネジメント委員会において，毎年グループ全社を対象にした重要リスクの抽出・評価を行い，当社グループにとって優先的に取り組むべきリスクを特定し，当社グループ全体でリスクの低減活動を推進しています。これらの活動につきましては，その内容を取締役会において定期的に報告しています。

　リスク抽出・評価のアプローチ及び特定したリスクの管理方法については，「2事業等のリスク」に記載していますので，ご参照ください。

戦略／指標・目標

（気候変動関連課題への対応）

　当社グループでは，持続的に事業を行い，価値を創造し続けていくために，気候変動によるリスクや事業への影響を特定し，適切に対応していく必要があると考え，金融安定理事会（FSB）により設置された「気候関連財務情報開示タスクフォース（TCFD）」提言への賛同を2019年5月に表明しました。

　当社グループでは，気候変動による，水資源への影響，資源の枯渇等により，製品の安定供給及び生産コストの増加等の影響があり，気候変動関連課題を当社グループのビジネスの継続の上で重要な課題の一つと認識し，気候変動の緩和を目指す政府や地方自治体の環境への取組みと連携し，バリューチェーン全体での環境負荷低減を目指し，グループ一体となって気候変動関連課題に取り組んでいます。

　特に事業への影響が大きいと想定している気候変動及び水については，2030年を目標年とする中期目標として「環境目標2030」を，2050年を目標年とする長期ビジョンとして「環境ビジョン2050」を定め，取組みを進めています。

　なお，最新の取組み状況・進捗については，当社グループのホームページ内にあるサステナビリティに関するウェブサイトにて発信していきます。

のサステナビリティ

「水と生きる」取組み

1. 全世界の自社工場※1での水使用を半減※2

2. 全世界の自社工場※1で取水する量以上の水を育むための水源や生態系を保全

3. 主要な原料農作物における持続可能な水使用を実現

4. 主要な事業展開国において「水理念」を広く社会と共有

 変動対策

1. バリューチェーン全体で、温室効果ガス排出の実質ゼロを目指す

省エネルギー活動の推進、再生可能エネルギーの積極的な導入、次世代インフラの利活用およびバリューチェーンのステークホルダーとの協働を通じ脱炭素社会の実現に向けて取り組む

1. 【工場節水】
自社工場※1の水使用量の原単位をグローバルで35%削減※2。特に水ストレスの高い地域においては、水課題の実態を評価し、水総使用量の削減の必要性を検証。

2. 【水源涵養】
自社工場※1の半数以上で、水源涵養活動により使用する水の100%以上をそれぞれの水源に還元。特に水ストレスの高い地域においてはすべての工場で上記の取り組みを実施。

3. 【原料生産】
水ストレスの高い地域における水消費量の多い重要原料※3を特定し、その生産における水使用効率の改善をサプライヤーと協働で推進。

4. 【水の啓発】
水に関する啓発プログラムに加えて、安全な水の提供にも取り組み、合わせて100万人以上に展開。

1. 自社拠点※4でのGHG排出量を50%削減※5

2. バリューチェーン全体におけるGHG排出量を30%削減※5

※1 製品を製造するサントリーグループの工場
※2 2015年における事業領域を前提とした原単位での削減
※3 コーヒー，大麦，ブドウ
※4 サントリーグループの拠点
※5 2019年の排出量を基準とする

GHG

　気候変動に関連して，炭素税の導入や税率の引上げ等がされた場合，エネルギー調達コストの増加等の財務上の負担が増加するリスクがあります。

　当社グループでは，これらのリスクを低減するため，GHG排出量の削減については，原材料調達から製造・物流・販売・リサイクルに至るまでのバリュー

チェーン全体で削減するため，部門ごとに課題を設定して活動し，環境目標2030として設定した全世界の当社グループの保有する拠点でのGHG排出量を50%削減及びバリューチェーン全体におけるGHG排出量を30%削減に向けて取り組んでいます。

　GHGのScope1, 2の排出量削減については，世界各地域で再生可能エネルギー電力の導入やカーボンオフセットの仕組みの活用を進めています。再生可能エネルギー電力については，2022年に，日本，米州，欧州の飲料・食品及び酒類事業に関わる当社グループの保有する生産研究拠点で，購入する電力を100%再生可能エネルギーに切り替えました。加えて，2021年から内部炭素価格制度を導入したほか，2030年までに脱炭素を促進する1,000億円規模の投資を実施する予定です。これらの取組みにより，2030年に想定されるGHG排出量を，約100万トン削減できる見込みです。

　また，GHGのScope3の排出量削減についても，ペットボトルリサイクルの取組み強化とともに，再生農業の取組みを試験的に開始しました。併せて，原料や包材のサプライヤー・物流会社等取引先への協働の働きかけを進めています。
水

　水は当社グループにとって最も重要な原料の一つであり，かつ，貴重な共有資源であるため，水に関するリスク評価に基づきグループの事業活動や地域社会，生態系へのインパクトを把握することは持続的な事業成長のために不可欠です。

　気候変動による水資源の枯渇・干ばつや，異常気象による洪水等が発生した場合，水の供給不足やバリューチェーンの浸水や分断による工場等の操業停止等のリスクがあります。一方，平均気温の上昇や猛暑等により，水や熱中症対策飲料の需要が増加する等の機会があります。

　当社グループでは，地球の環境と開発の問題に関するグローバルな非営利研究団体である世界資源研究所（World Resources Institute）が開発したAqueduct及び2040 Water Stress，世界最大規模の自然環境保護団体である世界自然保護基金（WWF）が開発したWater Risk Filterを使用して，当社グループの保有する製品を製造する工場を対象に，水の供給のサステナビリティに関する評価を行い，リスクを把握しました。

(point) 生産，受注及び販売の状況

　　生産高よりも販売高の金額の方が大きい場合は，作った分よりも売れていることを意味するので，景気が良い，あるいは会社のビジネスがうまくいっていると言えるケースが多い。逆に販売額の方が小さい場合は製品が売れなく，在庫が増えて景気が悪くなっていると言える場合がある。

リスクを把握した拠点に対して，水マネジメント（取水と節水）及び地域との共生の観点から，リスク低減への取組み状況について拠点ごとに個別評価を行い，対策を進めています。

また，環境目標2030の達成に向け，自然環境の保全・再生活動等，水に関わるさまざまな取組みをグローバルに推進しています。日本においては，2003年から水を育む森を育てる「天然水の森」の活動を開始し，「天然水の森」を約1万2千haまで拡大し，全国15都府県21ヵ所で，国内工場で汲み上げる地下水量の2倍以上の水を涵養する環境を整えています。2021年には水の保全やスチュワードシップ（管理する責任）をグローバルに推進する国際標準の権威ある機関「Alliance for Water Stewardship」と連携協定を締結し，日本における水のサステナビリティ推進のリーダーシップを担う企業に就任しました。

原材料

当社グループの製品に不可欠な農作物やその他原料は，気候変動による平均気温の上昇や，干ばつ，洪水といった異常気象の発生により，収量の変動，栽培適域の移動等，当社グループの生産活動に大きな影響を及ぼすものがあります。

当社グループでは，国連気候変動に関する政府間パネル（IPCC）によるRCP2.6（2℃未満シナリオ），RCP8.5（4℃シナリオ）及び国際エネルギー機関（IEA）によるシナリオ等を参照しながら，リスクと機会の把握を進めています。原料の安定調達のための取組みとして，原料産地別に気候変動による将来収量予測等の影響評価を行い，戦略を策定し，原料由来のGHG排出量削減や気候変動の緩和・適応効果が期待される再生農業を農家等と連携して試験的に開始しました。

プラスチック

使用済みプラスチックの不適切な取扱いによって引き起こされる環境汚染や廃棄時のGHG排出量の増加等は大きな社会問題になっており，ワンウェイプラスチック関連課税によるコスト増加等のリスクがある一方で，新規技術の開発・導入により石油使用量の削減が可能となる機会があります。

当社グループでは，プラスチック問題について一丸となり，先陣を切って取り組むべき課題ととらえ，「プラスチック基本方針」を策定し，"2030年までにグロー

(point) **対処すべき課題**

有報のなかで最も重要であり注目すべき項目。今，事業のなかで何かしら問題があればそれに対してどんな対策があるのか，上手くいっている部分をどう伸ばしていくのかなどの重要なヒントを得ることができる。また今後の成長に向けた技術開発の方向性や，新規事業の戦略ついての理解を深めることができる。

バルで使用するすべてのペットボトルに，リサイクル素材あるいは植物由来素材のみを使用することで，化石由来原料の新規使用をゼロにする"という「ペットボトルの100%サステナブル化」を目標として掲げています。

また，2012年，国内清涼飲料業界で初めてリサイクル素材100%のペットボトルを導入したことを皮切りに，従来よりもGHG排出量を低減する世界初の「FtoPダイレクトリサイクル技術」を開発する等，長年にわたって技術革新を進め，積極的に「ボトルtoボトル」水平リサイクルを実用化・推進してきました。

気候変動関連課題のインパクト評価

気候変動関連課題について，当社グループに重要な財務的影響を与えるリスク及び機会を特定するため，短期（0〜3年）・中期（3〜10年）・長期（10〜30年）という時間軸における各項目のインパクトや発生頻度を踏まえた評価を実施しました。

特定したリスク・機会の中でも，カーボンプライシングの導入による生産コストの増加，生産拠点への水の供給不足による操業影響，農産物の収量減少による調達コストの増加の3点が，特に大きな財務的影響を及ぼす可能性があることを認識し，事業に対する影響額を試算しました。リスク・機会分析の前提となるシナリオは，脱炭素シナリオとして国際エネルギー機関（IEA）が発行した「Net Zero Emissions by 2050 Scenario」（NZE2050）等を使用して，2019年の排出量（Scope1，2）を基に，IEANZEの予測値から独自に推計した炭素税価格（2030年は，日本，欧州，米州130ドル/トン，APAC90ドル/トンとし，2050年は，日本，欧州，米州250ドル/トン，APAC200ドル/トン）を用いて試算し，水については，水ストレスが高いエリアに立地する当社グループ工場において，取水制限を想定した場合の操業停止期間を加味して利益インパクトを試算しました。なお，工場所在地の水ストレス評価は，世界資源研究所のAqueductと世界自然保護基金（WWF）のWater Risk Filterを使用しました。また，温暖化進行シナリオとして，国連の気候変動に関する政府間パネル（IPCC）によるRCP8.5を使用しました。その結果，下表の様になりました。

1. 主要なリスク・機会の抽出			2. 各リスク・機会の事業への影響を評価 （最重要リスクは事業に対する影響額を試算）	3. 対応策の検討/実施
		リスク・機会の種類・分類	想定される事業への影響	リスク軽減・機会取り込みへの対応策
移行リスク	新たな規制	カーボンプライシング導入による生産コスト増	・炭素税の導入や税率の引き上げによる財務上の負担増 ・事業に対する試算影響額 170億円(2030年)、335億円(2050年)	・内部炭素価格を導入し、投資意思決定の際に考慮 ・2030年までに脱炭素を促進する1,000億円規模の投資（再生可能エネルギーへの転換・ヒートポンプの活用など）を実施予定 ・「サントリー環境目標2030」「サントリー環境ビジョン2050」で設定した目標を達成した場合には、85億円(2030年)、335億円(2050年)の削減効果
物理的リスク	慢性リスク	生産拠点への水供給不足による操業影響	・グループにとって最も重要な原料である水の供給不足で工場が操業停止することによる機会損失 ・事業に対する試算影響額 265億円	・全当社グループ工場を対象に、工場流域の利用可能な水資源に関するリスクを評価 ・工場での水使用量の削減の検討や、水源涵養活動により工場で使用する水の100%以上還元する目標を掲げて取り組み実施
		農産物の収量減による調達コストの増加	・現状と同品質の原料調達のためのコスト上昇 ・事業に対する試算影響額110億円(RCP 8.5シナリオ、2050年)	・原料産地別に気候変動による将来収量予測などの影響評価を行い、原料の安定調達のみの戦略を策定 ・持続可能な農業に向けたパイロットの開始
	急性リスク	大型台風やゲリラ豪雨を要因とした洪水等の発生	・洪水被害による浸水、バリューチェーン分断などによる操業停止	・グローバルリスクマネジメント委員会において、全当社グループ工場のリスク評価を行う仕組みを構築
機会	製品/サービス	気温上昇に伴う健康への影響	・平均気温の上昇や猛暑等により、熱中症対策飲料や水飲料へのニーズが高まる	・生産能力増強や安定供給体制構築のための設備投資を実施 ・消費者ニーズを捉えた商品開発
		環境意識の高まりによる顧客行動の変化	・水資源を大切にする企業姿勢が社会に認知されることによるブランド価値の向上	・科学的データに基づく水源涵養活動、工場での節水・水質管理の取組みや、水に関する啓発プログラム「水育」などを継続・強化するとともに、社外に情報発信
	資源効率	新技術導入によるコスト削減	・新技術開発による石油資源の使用量とCO2排出量の削減 ・ワンウェイプラスチック関連課税に対するコスト削減	・PETプリフォーム製造プロセスの効率化を目的とした新たな技術開発（FtoPダイレクトリサイクル技術」など） ・効率的な使用済みプラスチックの再資源化技術開発（株式会社アールプラスジャパン）

（サプライチェーンにおける人権の尊重）

　当社グループは，人権に配慮した活動を推進するため，「サントリーグループ人権方針」を策定したほか，国連の「ビジネスと人権に関する指導原則」（UNGPs）等の枠組みに従い，NPO会員組織「Sedex」等と連携した人権デュー・ディリジェンスの活動をグローバルに推進しています。また，サプライチェーンにおける人権尊重に関しては，2011年に「サントリーグループサステナブル調達基本方針」を，2017年に「サントリーグループ・サプライヤーガイドライン」を制定し，取引先と連携して，人権・労働基準・環境等の社会的責任にも配慮した調達活動を推進しています。

（人的資本・多様性）

　当社グループは，「人」こそが，経営の最も重要な基盤であるという考え方に基

(point) **事業等のリスク**

　「対処すべき課題」の次に重要な項目。新規参入により長期的に価格競争が激しくなり企業の体力が奪われるようなことがあるため，その事業がどの程度参入障壁が高く安定したビジネスなのかなど考えるきっかけになる。また，規制や法律，訴訟なども企業によっては大きな問題になる可能性があるため，注意深く読む必要がある。

づき，従業員一人ひとりがイキイキと，やりがいを持って働き，それぞれの個性と能力を最大限発揮して成長し続けることを目指し，下記の様な方針を立て，さまざまな取組みを進めています。

人材育成方針

　人材育成を「中長期的な視点」で捉え，国籍や年齢等に関わらず，全ての従業員に成長の機会を提供することに努めています。

・成長フィールド（事業・リージョン・機能）の拡がりを活用した新たなチャレンジの機会提供

　　当社グループは，創業以来の洋酒事業を起点に，ビール・清涼飲料・健康食品・外食・花等，さまざまな分野に事業を展開しています。また，日本から世界へフィールドを拡げ，今日では，米州・欧州・アジア・オセアニアにおいて，メーカーとして幅広いバリューチェーン・機能を有しています。グローバル食品酒類総合企業グループへ成長する中，「全社員型タレントマネジメント」の実践を掲げ，従業員が挑戦・成長を続けられる機会を提供できるよう努めています。

・世界中のサントリー従業員の学び舎「サントリー大学」における能力開発と企業理念の浸透

　　当社グループは人が育つための，日常の学びの仕組み・学びの風土づくりを強化するため，2015年4月に企業内大学「サントリー大学」を開校しました。「サントリー大学」は，「自ら学び，成長しつづける風土の醸成」「創業の精神の共有と実践」「リーダーシップ開発」「未来に向けた能力開発」の4つの視点からサントリーグループに属するすべての従業員にさまざまなプログラムを開発，提供しています。

社内環境整備方針

・DEI（Diversity, Equity & Inclusion）推進

　　当社グループは，新たな価値を絶えず創造していくためには，国籍や年齢等にとらわれることなく，多様な人材，多様な価値観を積極的に取り入れ，公平性を担保し，活かすことが重要であるという考えのもと，「DEI Vision Statement」と「Strategic Pillars」を制定し，その実現にむけてグループグロー

バルでさまざまな取組みを進めています。

女性の登用・活躍推進	ストレッチ機会提供による意識・考動変革、ライフイベントとの両立にむけた制度・環境整備、グローバルでの啓発活動。
LGBTQ+に関する活動の展開	同性パートナーを配偶者に加える等の制度改定、相談窓口設置、グローバルでの啓発活動。
障がい者の活躍推進	職域を限定しない採用活動、「コラボレイティブセンター」の活躍。
シニア層の多様な働き方支援	制度改定、キャリアワークショップの実施、地方創生人材支援。

・健康経営の推進

　当社グループは，従業員・家族の健康がサントリーの挑戦・革新の源であるという考えのもと，全従業員が心身ともに健康でやる気に満ちて働いている状態を目指しています。2016年に「健康経営宣言」を掲げ，Global Chief

Health Officer（健康管理最高責任者）が中心となり，健康保険組合や労働組合と連携しながらさまざまな取組みを進めています。

生活習慣病対策	食事、運動、睡眠、禁煙、適正飲酒等の観点で、従業員が主体的、継続的に健康増進に向けて取り組むための支援。
メンタルヘルス対策	セルフケア、ラインケア、事業場内産業保健スタッフ等によるケア、事業場外資源によるケアの4つの観点での支援。
安全衛生管理体制の整備・推進	事業所ごとに健康レポートを配布。健康課題に対する目標を各事業所が計画し実行するPDCAサイクルを推進。
女性の健康支援	女性活躍支援の一環として、女性が健康で安心して働ける環境を整備するため、婦人科専門の相談窓口を設置。

・エンゲージメントの強化

　　世界に4万人超の従業員を有する当社グループは，さまざまな個性やバックグラウンドを持つ従業員同士が仲間として積極的に繋がり，ミッションに向かってともに成長していくうえで，「エンゲージメントの強さ」が重要であると考えています。「ONE SUNTORY, One Family」を合言葉に，さまざまな取組みを進めています。

One Suntory Walk	健康×社会貢献×一体感醸成の3つの価値を持ち合わせた、ユニークなイベント
ソフトバレーボール大会	全国8会場にて、国内グループ従業員とその家族1万人以上が参加する一大イベント
アルムナイネットワーク	定年退職した従業員が旧交を温める会員組織（約2,000人が所属）
組織風土調査	エンゲージメント、企業理念の理解、コンプライアンスについてどのような意識を従業員が持っているのかを毎年調査

　なお，上記の内容について，2022年に「サントリーの人本主義」をまとめた特設サイトを開設し，詳細情報を発信しています。

2　事業等のリスク

　当社グループでは，当社グローバルリスクマネジメント委員会において，海外グループ会社を含めたグループ全体のリスクマネジメントを推進し，毎年グループ全社を対象にした事業リスクの抽出・評価を行い，当社グループに大きな影響を及ぼすおそれのあるリスク，グループ全体として取り組むべき重要リスクを特定し，当該リスクの顕在化する可能性及び経営成績等の状況に与える影響につきモニタリングを行い，グループ全体でリスクの低減活動を推進しています。これらの活動につきましては，その内容を当社取締役会において定期的に報告してい

ます。

　リスク抽出・評価のアプローチとしましては，抽出されたリスクに対し，「リスクエクスポージャー（発生可能性×影響度）」及び「対策レベル（対応策の準備の度合い）」の二軸でヒートマップを作成し，特にグループ全体の重要リスクについて重要度を評価し，重要度の高いものを優先的に取り組むリスクとして特定しています。

　また，特定した優先的に取り組むリスクにつきましては，責任者及び関連会議体を任命の上，リスクへの対応策を実施しています。対応状況はグローバルリスクマネジメント委員会において報告・議論し，対応結果を踏まえて次年度の重要リスクを選定することで，抽出・評価・対応策の策定及び実施・モニタリングのPDCAサイクルを回しています。

　経営者が連結会社の経営成績及び財政状態に影響を及ぼす可能性があると認識している主要なリスクとして，グローバルリスクマネジメント委員会等において，特に重要なリスク及びその他重要なリスクと位置付けるリスクは，以下のとおりです。なお，文中における将来に関する事項は，本有価証券報告書提出日現在において当社グループが判断したものです。また，当社グループの全てのリスクを網羅したものではなく，以下に記載した事項以外のリスクも存在し，投資家の判断に影響を及ぼす可能性があります。

特に重要なリスク
（経済情勢等に関するリスク）

　当社グループが事業活動を行う日本その他の主要市場において，将来の景気の後退，減速等の経済不振が生じる場合，当社グループの商品に対する消費者の需要が低下する場合があります。加えて，日本における長期的な人口動向は，全体として高齢化及び減少傾向にあり，市場が縮小する場合があります。

　これらリスクが顕在化した場合は，消費者が買い控えを行い，低価格帯商品を志向する可能性や，当社グループの商品に対する購買力や消費者需要に悪影響を及ぼす可能性があり，当社グループの経営成績及び財政状態に影響を及ぼす可能性があります。

（消費者嗜好の変化に関するリスク）

　当社グループが関わる飲料・食品市場及び酒類市場等においては，消費者の嗜好が多様化・目まぐるしく変化し，消費者の嗜好にあった魅力的な商品の適時の提供が求められます。製造に要する期間が長期にわたる商品については，需要に見合った数量の商品を市場に供給できない場合があります。また，当社グループが，予測の範囲を超える種々の環境変化等による消費者嗜好の重大な変化を的確に把握し，対応することができない場合もあります。

　これらのリスクへの対応が遅れた場合，当社グループが新たなヒット商品を開発できなかった場合や市場に投入できなかった場合，市場動向・技術革新に対応した有効な販売施策・適切な革新活動を実現できなかった場合には，当社グループの商品に対する需要が減少するとともに，競争力の低下，ブランドイメージへの悪影響，棚卸資産の評価損その他の費用が発生する可能性があります。

　当社グループは，消費者の嗜好にあった魅力的な商品を適時に提供するため，清涼飲料，健康食品，スピリッツ，ビール類，ワイン等を取扱う総合食品酒類企業グループとしての強みを生かし，消費者嗜好の変化を敏感に予測して，嗜好にあった魅力的な商品の研究開発に努めるほか，商品の供給量に関しても適切な需給計画を立案しています。加えて，新商品投入，ブランド力強化のための積極的な広告宣伝活動・販売促進活動に励む等適切に経営資源を投入しています。

（競合に関するリスク）

　当社グループが事業を展開している飲料・食品市場及び酒類市場等における競争は厳しくなっており，当社グループの商品は，大手メーカーの商品，特定の地域や商品カテゴリーで強みをもつメーカーの商品，プライベート・ブランド商品及び輸入商品等と競合しています。当社グループは，これらの商品を製造・販売する企業と，研究開発，商品の品質，新商品の導入，商品価格，広告宣伝活動，販売促進活動等といった面において競っています。

　当社グループがこれらの企業との競争において優位に立てない場合，また，デジタル化のスピードに乗り遅れ，適切な顧客体験を提供できない場合，競合企業に競争力において劣る可能性や飲料・食品・酒類を製造する企業以外の企業により市場を奪取される可能性があります。これらにより当社グループの売上又は利

益が低下し，当社グループの経営成績及び財政状態に影響を及ぼす可能性があります。

（天候不順・自然災害・感染症等に関するリスク）

当社グループには，天候不順の影響を受けやすい事業があり，特に春夏の低温等が生じた場合や，地震，風水害の自然災害等により，生産・物流設備，情報システムや原材料・資材等の調達等に支障をきたした場合や感染症流行等により社会的混乱が発生した場合に商品供給が円滑に行えない場合があります。

これらのリスクが発生した場合，当社グループの事業における売上の低迷が生じ，当社グループの経営成績及び財政状態に影響を及ぼす可能性があります。

当社グループは，事業遂行に深刻な影響を与える可能性のある自然災害等を想定し，従業員・事業所の被害状況の把握，被害を受けた従業員・事業所に対するサポート，情報システムのバックアップ体制の確保，原材料・資材の代替調達手段の確保等について，インシデント発生時の対応計画を策定するなどして，対応しています。

（食品の安全性等に関するリスク）

当社グループは，商品及びサービスに当社グループにおける品質基準を設定していますが，その基準に対する品質の不足，品質の低下，安全性等に問題が生じた場合，又は当社グループの商品及びサービスの安全性等に問題がない場合であっても，食品等の安全性等に関する否定的な報道がされた場合やソーシャルネットワーク上で否定的な情報が拡散された場合，他社商品等の安全性に問題が生じる場合に当社商品への安全性への懸念が生じる場合があります。

これらのリスクが発生した場合，多額の費用を伴う製造中止，リコール又は損害賠償請求が発生する可能性があります。また，当社グループのブランド及び信用に悪影響を及ぼす可能性があります。これらの事由が生じた場合，当社グループの経営成績及び財政状態に影響を及ぼす可能性があります。

当社グループは，食品を製造・販売する企業グループとして商品及びサービスの品質，安全性等を最重要課題と認識し，適用される規制を遵守するとともに，「サントリーグループ品質方針〜All for the Quality〜」を制定し，①サントリーグループの一人一人が，お客様の立場に立って，誠実に商品及びサービスをお届けする，

②お客様に正確で分かりやすい情報をお届けし，お客様の声に真摯に耳を傾け，商品及びサービスに活かす，③法令を遵守する，④商品及びサービスの安全性を徹底する，⑤国際標準を活用し，よりよい品質の追求を続ける，という理念のもと品質，環境，健康及び安全性等に関する様々な基準を採用し，品質管理・品質保証に取り組んでいます。

（製造委託商品・輸入商品の品質に関するリスク）

　当社グループは，商品の一部について外部に製造委託するとともに，輸入商品も取り扱っています。これらの製造委託商品，輸入商品について事前の予測の範囲を超えた品質問題が生じた場合，多額の費用を伴う製造中止，リコール又は損害賠償請求が発生し，当社グループのブランド及び信用に悪影響を及ぼす可能性があり，これにより，当社グループの経営成績及び財政状態に影響を及ぼす可能性があります。

（原材料調達に関するリスク）

　当社グループが使用する主要な原材料には，気候変動やグローバル市場の状況等により，その需給バランスが大きく変動するものがあります。原材料価格及び商品を製造する際に使用する電気や天然ガスといったエネルギーの価格も著しく変動する可能性があります。これらの原材料及びエネルギーの価格が継続的に上昇し生産コストが上昇した場合，当社グループの原価を押し上げる又は損失が生じる可能性があります。高騰した原価を販売価格に十分に転嫁できない場合や，高騰した原価の販売価格への転嫁により当社グループの商品に対する需要が減少する場合には，当社グループの経営成績及び財政状態に影響を及ぼす可能性があります。

　また，当社グループが使用する原材料の中には，供給源が限られているものがあります。当社グループの取引先において，気候変動，自然災害，火災，作物の不作，感染症，労働力不足，労働衛生・労働安全上の問題，ストライキ，製造上の問題，輸送上の問題，供給妨害，政府による規制，行政措置，国家間の対立，戦争の勃発，政治不安，テロリズム，環境への配慮不足，人権問題，各国のエネルギー危機等の事由が生じたことにより，当社グループが原材料の持続可能な調達を妨げられる可能性があります。かかるリスクは，取引先又はその施設が，上

記の事由が生じる危険性の高い国や地域に所在する場合，より深刻な問題となる可能性があります。また，取引先を変更する場合には長期のリードタイムを要する可能性があります。原材料不足に陥った場合又は原材料の供給が長期にわたり滞る場合，当社グループの経営成績及び財政状態に影響を及ぼす可能性があります。

当社グループでは，「1　経営方針，経営環境及び対処すべき課題等　(2) 経営環境及び対処すべき課題等」に記載のとおり，取組みを進めています。また，賛同を表明している「気候関連財務情報開示タスクフォース（TCFD：Task Force on Climate-related Financial Disclosures)」に沿った情報開示を拡充するとともに，原材料安定調達の取組みについても情報開示を行っています。

（サプライチェーンに関するリスク）

当社グループの取引先は，世界各国で原材料を調達・製造を行っています。デジタル技術等を活用したサプライチェーンマネジメントにより適切な品質管理，サプライチェーンコスト（ロジスティクス，生産，調達等）の削減及び収益性の向上を実現することは，当社グループの事業戦略の一つですが，気候変動，自然災害，火災，感染症，労働力不足，労働衛生・労働安全上の問題，ストライキ，製造上の問題，輸送上の問題，供給妨害，政府による規制，行政措置，国家間の対立，戦争の勃発，政治不安，テロリズム，環境への配慮不足，人権問題，各国のエネルギー危機等の事由が生じたことにより，当社グループの製造・販売活動に支障が生じる場合があります。

これらのリスクの発生可能性を減少させ，その潜在的影響を低減するための十分な措置がとられない場合，若しくは適切な対処ができない場合，又はデジタル技術等の活用が進まず，効率的なサプライチェーンマネジメントを実現できない場合，当社グループの管理が及ばない要因による場合を含め，目標とする効率性を達成できない可能性，当社グループの製造・販売能力が損なわれる可能性があります。加えて，当社グループのサプライチェーンを修復するための追加的な経営資源の投入が必要となる可能性があります。これらの事由が生じた場合，当社グループの経営成績及び財政状態に影響を及ぼす可能性があります。

当社グループでは，「1　経営方針，経営環境及び対処すべき課題等　(2) 経営

環境及び対処すべき課題等」に記載のとおり，「サントリーグループサステナブル調達基本方針」を制定し，取引先と連携して，人権・労働基準・環境等の社会的責任にも配慮した調達活動を推進しています。

（為替や金利の変動に関するリスク）

　当社グループは，原材料及び商品の一部を，主に米ドルを中心とした日本円以外の通貨建てで国外から調達しており，為替相場の変動リスクを低減するために，為替予約・通貨オプション等のリスクヘッジを行っています。しかしながら，かかるヘッジ取引によっても全ての為替相場の変動リスクを回避できるわけではなく，予測の範囲を超える大幅な為替変動があった場合，当社グループの経営成績及び財政状態に影響を及ぼす可能性があります。

　当社グループは，連結財務諸表を作成するにあたり，海外子会社の収益及び費用並びに資産及び負債の金額を，各決算期の期中又は期末における為替レートに基づき日本円に換算する必要があります。そのため，外国通貨の為替変動は，当社グループの経営成績及び財政状態に影響を及ぼす可能性があります。

　当社グループは，必要資金の一部を有利子負債で調達しており，将来的な資金需要に応じて今後も金融機関からの借入や社債等による資金調達を新たに行う可能性があります。金利の変動リスクを軽減するために，固定金利での調達やデリバティブ取引を利用していますが，金融資本市場の混乱や格付機関による当社の格付の引下げ等により，金利に大幅な変動があった場合，当社グループの経営成績及び財政状態に影響を及ぼす可能性があります。

（海外事業に関するリスク）

　当社グループは，国内のみならず，米州，欧州，アジア・オセアニア等においても幅広く事業を展開していますが，海外事業においては，通常と大きく異なる又は十分に整備されていない租税制度や法令，規制等の制定及び変更，予測し得ない国家間の対立，戦争の勃発，政治不安，保護主義的政策，国際移動制限，テロリズム，暴動等の非常事態といった，地政学的・経済的・政治的な要因が発生する場合があります。気候変動・自然災害，感染症の流行による社会的・経済的混乱，又は為替レートの変動が生じる場合があります。これらの事由が生じた場合，現地における事業継続に関する判断や従業員等の安全確保を適切に計画・

(point) **財政状態，経営成績及びキャッシュ・フローの状況の分析**

　「事業等の概要」の内容などをこの項目で詳しく説明している場合があるため，この項目も非常に重要。自社が事業を行っている市場は今後も成長するのか，それは世界のどの地域なのか，今社会の流れはどうなっていて，それに対して売上を伸ばすために何をしているのか，収益を左右する費用はなにか，などとても有益な情報が多い。

実行できないこと等により，当社グループの経営成績及び財政状態に影響を及ぼす可能性があります。

（事業提携・資本提携・企業買収に関するリスク）

　当社グループは，競争力強化による更なる成長の実現のため，国内外他社との事業提携・資本提携及び国内外他社の買収を重要な経営戦略の一つと位置付けています。事業提携・資本提携・企業買収の意思決定に際しては必要かつ十分な検討を行っていますが，事業提携等の適切な機会を見出せないこと，競合的な買収による場合を含め相手先候補との間で事業提携等に係る条件について合意できないこと，事業提携等に関連して必要な同意・許認可・承認を得ることができないこと，必要資金を有利な条件で調達できないこと，新たな地域・商品カテゴリーに参入することにより，当社グループの事業内容が変化すること，当社グループが精通していない若しくは予測することができない課題に直面すること，又は事業提携等の結果として，予期していた利益や経費削減効果を実現できないことといった問題が生じ，意図した成果を十分に得られない可能性があります。これらの事由が生じた場合，当社グループの経営成績及び財政状態に影響を及ぼす可能性があります。

（酒類に対する規制に関するリスク）

　WHO（世界保健機関）において，2010年に「アルコールの有害な使用を低減するための世界戦略」が採択され，2022年には2030年までの世界戦略のさらなる推進のための実行計画が採択されました。また，日本においても「アルコール健康障害対策基本法」が2014年に施行され，2021年よりアルコール健康障害対策推進基本計画第2期が進められる等，世界的な規模で，責任ある酒類のマーケティング活動，アルコール関連問題への取組み強化が求められています。長期的に見て，当社グループの予測の範囲を超える規制等が実施された場合，酒類の消費が減少する場合が考えられます。

　このようなリスクが顕在化した場合，当社グループの経営成績及び財政状態に影響を及ぼす可能性があります。

　当社グループは，アルコール関連問題にグローバルに取り組むために，専門部署を設置し，国内外の酒類業界と連携して，①不適切な飲酒の予防や適正飲酒の

啓発，②責任ある酒類マーケティング活動の推進，③様々なステークホルダーとの連携・協力等を行っています。酒類を製造・販売する企業グループとしての社会的責任を果たすため，広告宣伝活動にあたっては，厳しい自主基準のもと，自ら規制を行っています。また，WHO等国際機関，各国政府の政策やアルコールに対する社会的動向等，機能横断的に現状把握を進め，当社グループの基本戦略方向性を検討しています。そして，アルコールによる健康リスクに関する世界の最新情報の収集を行っています。

（企業の社会的責任に関するリスク）

当社グループの事業活動及びサプライチェーンにおいて，地球規模での気候変動や資源枯渇等による地球環境問題，プラスチック問題，環境汚染や，関係法令の改正等が生じる場合，新規の設備投資等のコストの増加及び生産量の制約のリスクや労働安全衛生等に問題等が生じる場合があります。これらにより，当社グループの経営成績及び財政状態に影響を及ぼす可能性があります。

当社グループは，「1　経営方針，経営環境及び対処すべき課題等　(2) 経営環境及び対処すべき課題等」に記載のとおり，「人と自然と響きあう」という企業理念のもと，サントリーグループの「サステナビリティ・ビジョン」を定め，地球環境を経営資源の一つと認識して環境保全活動に取り組み，次の世代に持続可能な社会を引き渡すことができるよう，水使用量削減，水源涵養，GHG排出量削減，水質保全，廃棄物再資源化，容器リサイクルの徹底を図り，事業を遂行していく上で，関連する各種環境規制を遵守するとともに，人権・労働基準・環境等の社会的責任にも配慮した調達活動を推進しています。

（情報セキュリティ・プライバシー保護に関するリスク）

当社グループは，取引業務の遂行，顧客との連絡，経営陣への情報提供及び財務に関する報告書の作成等を正確かつ効率的に行うため，情報システムを利用しています。これらが，地震その他の自然災害，テロリストによる攻撃，ハードウエア・ソフトウエア・設備・遠隔通信の欠陥・障害，処理エラー，新種のコンピュータ・ウイルス感染，ハッキング・悪意をもった不正アクセス等のサイバー攻撃，その他セキュリティ上の問題，外部業者に起因する障害又は不具合等予測の範囲を超える事態により，個人情報や機密情報の漏洩，情報システムの一定期

(point) **設備投資等の概要**

セグメントごとの設備投資額を公開している。多くの企業にとって設備投資は競争力向上・維持のために必要不可欠だ。企業は売上の数％など一定の水準を設定して毎年設備への投資を行う。半導体などのテクノロジー関連企業は装置産業であり，技術発展がスピードが速いため，常に多額の設備投資を行う宿命にある。

間の停止等が生じる場合があります。

　当社グループが，グローバル化やデジタル技術革新に伴い，データの利活用をする中，個人のプライバシーに対する配慮が不足し，また，対応不足により各国の個人データ保護法令を遵守できない場合があります。

　これらの事由が生じた場合，多額の制裁金やレピュテーションの毀損が発生し，当社グループの経営成績及び財政状態に影響を及ぼす可能性があります。

　情報システムについては，セキュリティ，バックアップ及び災害復旧に係る対策を講じています。また，情報の取扱いについては，「サントリーグループ情報セキュリティ基本方針」のもと，個人情報や機密情報の安全管理と漏洩防止，情報セキュリティ遵守意識の維持・向上及び情報システムの安全かつ円滑な稼動の堅持のため，適切なセキュリティ対策を実施しています。また，個人データ保護法令については，当社グループ内での個人情報の取扱いや既存社内ルールにつき現状を把握し，各国の法規制への対応策を検討の上，優先度に応じて必要な社内ルール策定，契約・業務フロー整備等の各対応を進めています。

（法令・規制等に関するリスク）

　当社グループは，日本その他当社グループが事業を行う地域において，様々な法的規制を受けています。これらの規制には，品質，表示，競争，贈賄防止，労働，環境・リサイクル及び税関連法規が含まれ，当社グループによる商品の製造，安全，表示，輸送，広告宣伝及び販売促進等の事業活動の様々な側面に適用されます。当該法的規制の内容が大幅に改正若しくはその解釈に大幅な変更が生じ又はより高い基準若しくは厳格な法的規制が新たに導入される可能性があります。

　これらのリスクが顕在化し，法的規制に違反した場合や改正等に適切に対応できない場合，当社グループの信用が失われるとともに，厳格な罰則や多額の損害を伴う行政等処分又は民事上の訴訟提起が行われる可能性があります。特に，酒税・消費税の税率等の変更，炭酸飲料等の加糖飲料の販売に関して課税・規制の導入等がなされた場合，脱炭素政策や規制等が変更された場合，これらに対応するために費用が発生する可能性があります。また，事業分野における規制緩和がなされる場合には，当社グループの商品の需要が変動する可能性があります。これらの事由が生じた場合，当社グループの経営成績及び財政状態に影響を及ぼす

📍 **主要な設備の状況**

　「設備投資等の概要」では各セグメントの1年間の設備投資金額のみの掲載だが，ここではより詳細に，現在セグメント別，または各子会社が保有している土地，建物，機械装置の金額が合計でどれくらいなのか知ることができる。

可能性があります。

（経営陣及び従業員に関するリスク）

　当社グループが持続的に成長するためには，リーダーシップのある経営陣及び有能な従業員を継続して獲得し，かつ，育成することが必要となります。このため，計画外の退職が生じ，又は現経営陣の適切な後継者の育成に失敗した場合，当社グループの組織的ノウハウが失われ，当社グループの競争優位性が損なわれる可能性があります。また，ジェンダー，性的指向，年齢，障がい，国籍，文化，民族，宗教，信条，経歴，生活様式等のあらゆる多様性が受容されるとともに，従業員の人権問題が適切に予防・把握・対処されることで，多様な人材がパフォーマンスを発揮できる制度や職場環境を醸成できない場合には，当社グループのレピュテーションが損なわれる可能性及び優秀な人材を確保できず，多様性がもたらすイノベーション創出やリスク管理が達成できない可能性があります。

　従業員の雇用に関する競争の激化，従業員の退職率の上昇，従業員の福利厚生費の増加に起因するコストの増加又は適切な労務管理ができないことによる従業員の健康阻害等が発生することにより，当社グループの経営成績及び財政状態に影響を及ぼす可能性があります。

　当社グループでは，人材評価をグループ全体及び地域毎に行い，人材の確保の観点も踏まえて，育成施策や配置を討議し，人材ローテーションやグローバル共通の人材開発に取り組んでいます。国内では，戦略領域での人材獲得をより一層進める等して事業経営人材を計画的かつ構造的に育成しています。なお，人材育成方針及び社内環境整備方針については，「1　経営方針，経営環境及び対処すべき課題等　（2）経営環境及び対処すべき課題等」に記載のとおりです。

重要なリスク

（のれん・商標権に関するリスク）

　当社グループは，企業買収等に伴い，のれん及び商標権を計上しています。また，当社グループが将来新たに企業買収等を行うことにより，新たなのれん，商標権を計上する可能性があります。当社グループは，かかる無形資産等について，毎期減損テストを実施し評価しています。当該無形資産等について減損損失を計上

した場合には，当社グループの経営成績及び財政状態に影響を及ぼす可能性があるため，投資評価及び判断，投資後のモニタリングについての共通ルールを定めて対応しています。

（当社ブランドの信用に関するリスク）

　当社グループにとって，当社グループの信用を維持することは極めて重要です。商品の汚染若しくは異物混入，取引先から調達する原材料及び含有物等に関するものを含め商品の品質，安全性及び完全性を高い水準で維持できないことにより，当社グループの信用が損なわれ，また，当社グループの商品に対する需要の低下又は製造・販売活動への支障が生じる可能性があります。当社グループの商品が，一定の品質基準を満たさない場合，消費者等に損害を与えた場合若しくは商品について不正な表示がなされた場合，又は第三者により当社グループの商品の模倣品が製造・販売された場合，当社グループのブランドの信用に悪影響を及ぼす可能性があります。さらに，当社グループ及び当社グループの取引先においてコンプライアンス上の問題等が生じた場合にも，当社グループのブランドに影響を及ぼす可能性があります。上記の事項については，真実であるか否かを問わず，その疑惑が生じた場合にも，当社グループの信用が損なわれる可能性があります。重ねて，当社ブランドのあるべき姿・本来の価値を適切に発信できないことや，当社グループのESG関連活動等について十分な取り組みができない場合，当社グループの信用が損なわれる可能性があります。当社グループの信用が損なわれ，又は当社グループの商品に対する消費者の信頼を失った場合，当社グループの商品の需要の低下に繋がる可能性があり，さらには当社グループの信用を回復するための追加的な経営資源の投入が必要となる可能性があります。これらの事由が生じた場合，当社グループの経営成績及び財政状態に影響を及ぼす可能性があります。

　当社グループでは，当社のコーポレートブランドの戦略を担う部署がマネジメントの基盤体制を整備する等して対応しています。また，生産・品質部門全体で「法令違反・健康被害・その他品質異常」の観点から徹底した未然防止活動に取り組んでいます。

（知的財産権に関するリスク）

　当社グループは，事業上重要な商標権，特許権等の知的財産権を保有しています。また，様々な商標等に関する使用許諾を第三者から受けるとともに，当社グループが保有する商標等の使用を第三者に許諾しています。

　これらの知的財産権につき，第三者との間で紛争が生じた場合，当社グループの事業に支障を及ぼすとともに，権利保護等に多額の費用を要する可能性があります。また，知的財産権の取得，維持，保護，防衛が予定どおり行えなかった場合，当社グループのブランド，商品及び事業に損害が生じ，当社グループの事業遂行等に影響を及ぼす可能性があります。

　当社グループが第三者から使用許諾を受けている商標等については，使用許諾契約等が解約された場合，関連する商品が製造・販売できなくなる可能性があります。当社グループが第三者に使用を許諾している商標等については，当該第三者による商標等の使用や関連商品に問題が生じた場合，当社グループによる当該商標等の使用に影響が生じ，当社グループのブランドが毀損される可能性があります。なお，当社グループが商標等を登録していない地域において当社グループの商標等と同じ又は類似する商標等を，第三者が保有又は使用していることがあります。当該第三者による商標等の使用や関連商品に問題が生じた場合，当社グループのブランドが毀損される可能性があります。

　これらの事由が生じた場合，当社グループの経営成績及び財政状態に影響を及ぼす可能性があります。

（訴訟に関するリスク）

　当社グループが国内外において事業活動を遂行していく上で，当社グループ及び従業員の法令等の違反の有無にかかわらず，訴訟提起がなされる可能性があります。当社グループが訴訟を提起された場合，また訴訟の結果によっては，当社グループの経営成績及び財政状態に影響を及ぼす可能性があるため，当社グループでは，事業の遂行に際して，法令・規制等を遵守し，コンプライアンス経営を推進しています。

（保有資産の価値変動に関するリスク）

　保有する土地や有価証券等の資産価値が下落した場合，当社グループの経営成

績及び財政状態に影響を及ぼす可能性があります。

（退職給付債務に関するリスク）

　従業員の退職給付費用及び債務は，年金数理計算上の前提に基づき算出されています。実際の結果が前提条件と相違した場合又は前提条件が変更された場合，当社グループの経営成績及び財政状態に影響を及ぼす可能性があります。

（新型コロナウイルス感染症（COVID-19）拡大に伴う外部環境の変化に関するリスク）

　新型コロナウイルス感染症（COVID-19）の感染拡大による世界経済の激変，生活様式・消費者嗜好の変化，業務用市場の縮小等による外部環境の変化に対応して，当社グループの経営戦略や事業ポートフォリオ戦略を適切に見直すことができない場合，当社グループの経営成績及び財政状態に影響を及ぼす可能性があります。

3　経営者による財政状態，経営成績及びキャッシュ・フローの状況の分析

（1）　経営成績等の状況の概要 ………………………………………

経営成績の状況

　当社グループは，［飲料・食品］［酒類］［その他］の各セグメントにおいて国内外で積極的な事業展開を行いました。当連結会計年度の業績は，売上収益（酒税込み）2兆9,701億円（前年同期比116％），売上収益（酒税控除後）2兆6,588億円（前年同期比116％），売上総利益1兆1,907億円（前年同期比111％）となりました。

　販売費及び一般管理費は，9,316億円（前年同期比1,014億円の増加）を計上しましたが，この主な内容は，広告宣伝及び販売促進費4,148億円（前年同期比361億円の増加），従業員給付費用3,061億円（前年同期比371億円の増加）等です。販売費及び一般管理費に加えて持分法による投資利益117億円（前年同期比20億円の増加），その他の収益234億円（前年同期比80億円の増加），その他の費用178億円（前年同期比1億円の増加）を計上しました。その他の収益の主な内容は関係会社株式売却益160億円等です。その他の費用の主な内容は組織再編関連費用56億円，固定資産廃棄損36億円等です。その結果，営業利益は

(point) **設備の新設，除却等の計画**

　ここでは今後，会社がどの程度の設備投資を計画しているか知ることができる。毎期どれくらいの設備投資を行っているか確認すると，技術等での競争力維持に積極的な姿勢かどうか，どのセグメントを重要視しているか分かる。また景気が悪化したときは設備投資額を減らす傾向にある。

2,765億円（前年同期比112％）となりました。

　金融収益は36億円（前年同期比31億円の減少），金融費用は183億円（前年同期比15億円の増加）を計上しました。金融費用の主な内容は支払利息158億円（前年同期比5億円の減少）等であり，その結果，税引前利益は2,618億円（前年同期比110％）となりました。

　以上の結果に加え，法人所得税費用733億円（前年同期比88億円の減少）を計上したこと等により，当期利益は1,885億円（前年同期比121％）となり，親会社の所有者に帰属する当期利益は1,362億円（前年同期比120％）となりました。また，基本的1株当たり当期利益は198円63銭となりました。

　報告セグメント別の業績については，以下のとおりです。

　なお，当連結会計年度より，セグメント区分を変更しており，以下の前年同期比較については，前年同期の数値を変更後のセグメント区分に組み替えた数値で比較しています。

[飲料・食品セグメント]

　売上収益1兆4,449億円（前年同期比114％），営業利益1,621億円（前年同期比116％）となりました。

[酒類セグメント]

　売上収益（酒税込み）1兆2,459億円（前年同期比118％），売上収益（酒税控除後）9,356億円（前年同期比119％），営業利益1,406億円（前年同期比110％）となりました。

[その他セグメント]

　売上収益（酒税込み）2,794億円（前年同期比117％），売上収益（酒税控除後）2,783億円（前年同期比118％），営業利益270億円（前年同期比106％）となりました。

財政状態の状況

　当連結会計年度末の資産合計は，前連結会計年度末に比べて5,464億円増加し，5兆4,804億円となりました。

　当連結会計年度末の負債合計は，前連結会計年度末に比べて709億円増加し，

_{point} **株式の総数等**

　発行可能株式総数とは，会社が発行することができる株式の総数のことを指す。役員会では，株主総会の了承を得ないで，必要に応じてその株数まで，株を発行することができる。敵対的TOBでは，経営陣が，自社をサポートしてくれる側に，新株を第三者割り当てで発行して，買収を防止することがある。

2兆8,576億円となりました。

当連結会計年度末の資本合計は，前連結会計年度末に比べて4,754億円増加し，2兆6,228億円となりました。

キャッシュ・フローの状況

当連結会計年度末における現金及び現金同等物は，前連結会計年度末に比べて42億円増加し，3,019億円となりました。

営業活動によるキャッシュ・フローは，2,444億円の収入（前年同期は2,808億円の収入）となりました。

投資活動によるキャッシュ・フローは，1,210億円の支出（前年同期は1,525億円の支出）となりました。

財務活動によるキャッシュ・フローは，1,318億円の支出（前年同期は1,784億円の支出）となりました。

生産，受注及び販売の実績

① 生産実績

当連結会計年度における生産実績をセグメントごとに示すと，次のとおりです。

セグメントの名称	金額（百万円）	前年同期比（%）
飲料・食品	1,282,834	115.0
酒類	951,629	117.7
その他	157,530	114.9
合計	2,391,993	116.1

(注) 1. 金額は，最終販売価格によっています。

2. 生産実績には外注分を含んでいます。

② 受注実績

当社グループは，原則として見込み生産を主体とする生産方式を採っているため，記載を省略しています。

③ 販売実績

当連結会計年度における販売実績をセグメントごとに示すと，次のとおりです。

(point) **連結財務諸表等**

ここでは主に財務諸表の作成方法についての説明が書かれている。企業は大蔵省が定めた規則に従って財務諸表を作るよう義務付けられている。また金融商品法に従い，作成した財務諸表がどの監査法人によって監査を受けているかも明記されている。

セグメントの名称	金額（百万円）	前年同期比（%）
飲料・食品	1,444,852	114.3
酒類	935,598	119.2
その他	278,331	117.6
合計	2,658,781	116.3

(注) 1. セグメント間の取引については相殺消去しています。

　　　2. 上記の金額には，消費税等は含まれていません。

　　　3. 主な相手先別の記載については，相手先別の販売実績の総販売実績に対する割合が100分の10未満のため記載を省略しています。

(2) 経営者の視点による経営成績等の状況に関する分析・検討内容等 ··········

　文中における将来に関する事項は，当連結会計年度末現在において判断したものです。

重要な会計方針及び見積り

　当社グループの連結財務諸表は，IFRSに準拠して作成されています。この連結財務諸表の作成にあたり，見積りが必要となる事項につきましては，合理的な基準に基づき，会計上の見積りを行っています。

　連結財務諸表を作成するにあたり，重要となる会計方針については，「第5経理の状況　1連結財務諸表等（1）連結財務諸表連結財務諸表注記　3.重要な会計方針，4.重要な会計上の判断及び見積りの不確実性の主要な発生要因」に記載しています。また，過去の実績や取引状況を勘案し，合理的と判断される前提に基づき見積りを行っている部分があり，これらの見積りについては不確実性が存在するため，実際の結果と異なる場合があります。

経営成績の分析・検討内容

　当社グループは，[飲料・食品][酒類][その他]の各セグメントにおいて国内外で積極的な事業展開を行いました。当連結会計年度の業績は，売上収益（酒税込み）は2兆9,701億円（前年同期比116%），売上収益（酒税控除後）2兆6,588億円（前年同期比116%），営業利益2,765億円（前年同期比112%），親会社の所有者に帰属する当期利益は，1,362億円（前年同期比120%）と増収増益となり，売上収益と営業利益は，過去最高となりました。

　セグメント別の業績を示すと，次のとおりです。

[飲料・食品セグメント]

〈飲料・食品セグメント〉

　サントリー食品インターナショナル（株）は，お客様の嗜好・ニーズを捉えた上質でユニークな商品を提案し，"お客様とともに新たなおいしさ，健やかさ，楽しさを創造し続けそれぞれの市場で最も愛される会社となることを目指す"という考えのもと，ブランド強化や新規需要の創造に注力したほか，品質の向上に取り組みました。また，各エリアにおいて事業構造改革を進め，収益力の強化にも取り組みました。

　日本では，水・コーヒー・無糖茶カテゴリーを中心にコアブランド強化に取り組み，新商品発売やマーケティング活動が貢献した結果，前年同期を大きく上回り，過去最高の販売数量を達成。ブランド別には，「サントリー天然水」「伊右衛門」「GREEN DA・KA・RA」が過去最高となりました。「BOSS」ブランド全体の販売数量は前年同期並となりました。発売30周年を迎え"働く人の相棒"として「BOSS」ならではのマーケティング活動を展開しました。特定保健用食品・機能性表示食品の販売数量は，4月にリニューアルを実施した「特茶」が引き続き好調に推移したことに加え，「伊右衛門濃い味（機能性表示食品）」「サントリー烏龍茶OTPP（機能性表示食品）」がともに増分に寄与しました。

　アジアパシフィックでは，清涼飲料事業及び健康食品事業のコアブランドへの集中活動を継続しました。特にベトナムでは，主力のエナジードリンク「Sting」，茶飲料「TEA＋」を含め主要ブランドの販売数量が大きく伸長し，事業を大きく牽引しました。タイでは「Pepsi」が好調に推移しました。健康食品事業では，主力である「BRAND'S Essence of Chicken」のリニューアルなど，引き続きマーケティング活動を強化しました。オセアニアでは主力ブランドであるエナジードリンク「V」のマーケティング活動を強化し，ニュージーランド・オーストラリアで引き続き販売数量が前年同期を上回りました。

　欧州では，フランスで，主力ブランド「Oasis」「Schweppes」「Orangina」の販売数量が前年同期を大きく上回りました。英国では，主力ブランド「Lucozade」が堅調に推移しました。スペインでは，主力ブランド「Schweppes」の販売数量が前年同期を大きく上回りました。

（point）**連結財務諸表**

　　ここでは貸借対照表（またはバランスシート，BS），損益計算書（PL），キャッシュフロー計算書の詳細を調べることができる。あまり会計に詳しくない場合は，最低限，損益計算書の売上と営業利益を見ておけばよい。可能ならば，その数字が過去5年，10年の間にどのように変化しているか調べると会社への理解が深まるだろう。

米州では，主力炭酸ブランドや伸長する非炭酸カテゴリーの活動を強化したことにより，販売数量が引き続き堅調に推移しました。

以上の結果，飲料・食品セグメントは売上収益1兆4,449億円（前年同期比114％），営業利益1,621億円（前年同期比116％）となりました。

[酒類セグメント]

お客様の酒類消費変化を捉え，国内酒類事業全体で一元的な経営を進めるため，サントリー（株）を7月に設立しました。生産部門から営業部門まで一体となり，国内市場の急速な環境変化に迅速に対応し，お客様にとって魅力ある価値創造の強化を図りました。

スピリッツ事業は，売上収益（酒税込み），売上収益（酒税控除後）ともに前年同期比2割強の増収となりました。海外ではビームサントリー社が推進するプレミアム化戦略が奏功し，米国やアジアをはじめとする主要マーケットで売上が伸長しました。バーボンウイスキー「メーカーズマーク」「ベイゼルヘイデン」，ジャパニーズウイスキー「TOKI」，スコッチウイスキー「ラフロイグ」のほか，ジャパニーズクラフトジン「ROKU」やテキーラ「オルニートス」など，プレミアム商品の販売が好調に推移しました。またRTDのグローバル展開も積極的に取り組みました。エリアごとのニーズをとらえた商品開発により，豪州では「-196℃」，アジアでは「ほろよい」がそれぞれ伸長しました。

日本では，売上収益（酒税込み）が前年同期比109％，売上収益（酒税控除後）が同111％となりました。ウイスキーは，主要ブランド「角瓶」「碧Ao」に加えて，「角ハイボール缶」が好調に推移しました。RTDは，「CRAFT-196℃」「BAR Pomum」を発売するなど新需要創造に挑戦しました。その結果，販売数量は市場を上回り，前年同期比101％と伸長しました。サントリージン「翠（SUI）」は，"第3のソーダ割り"として新しい市場の創造に挑戦すべく，日常の食事に合う「翠ジンソーダ」という新たな価値を提案しています。3月に全国で新発売した「翠ジンソーダ缶」は，上方修正した年間販売計画の約1.6倍となる395万ケース※1を達成しました。

※1 250ml×24本換算

ビール事業※2の販売数量は，ビールカテゴリーがけん引し前年同期比104％，ノンアルコールビールテイスト飲料を除くビール類は，同105％となり

ました。

　「ザ・プレミアム・モルツ」ブランドは，"日常のちょっとした贅沢"としてお客様の生活に浸透させるべく活動し，前年同期比119％となりました。発売2年目を迎えた「パーフェクトサントリービール」は，本格ビールのおいしさと，食事との相性の良さにご好評いただき，前年同期比154％となりました。

　「金麦」ブランドは"日常的に家で飲むのに一番ふさわしい新ジャンル"を目指し，"晩酌"をテーマにしたプロモーションを展開するなど，旬の食材や料理と合わせて楽しむ提案を強化しました。

　「新しいビールの文化をつくりたい」という思いから発売した，炭酸水でつくる自由なビール「ビアボール」は，好きな濃さで自由に楽しむというこれまでにない価値をもった新しいビールとして，特に20代から40代の若い世代の方にご好評いただきました。

※2　ノンアルコールビールテイスト飲料を含む

　ワイン事業は，売上収益（酒税込み）が前年同期比116％，売上収益（酒税控除後）が同118％となりました。国産ワインは，主力の「酸化防止剤無添加のおいしいワイン。」ブランドの販売数量が前年同期を上回りました。また，日本ワインの新ブランド「SUNTORY FROM FARM」を9月に発売し，徹底した品質管理によって生まれる味わいにご好評をいただきました。輸入ワインは，オーガニックワインとしての訴求を強化したイタリア産ワイン「タヴェルネッロオルガニコ」の販売数量が大きく伸長しました。

　ノンアルコール飲料カテゴリーでは，アルコール度数0.00％だからこそ実現できる，お酒を飲む人も飲まない人も一緒に楽しめる文化の創造を目指し，"圧倒的美味の実現""ラインナップ拡充""魅力をお伝えする提案"に取り組みました。

　"ラインナップ拡充"では，ビールテイスト飲料の「オールフリー」ブランドや本格的なレモンサワーのおいしさをお楽しみいただける「のんある晩酌レモンサワーノンアルコール」に加え，3月に本格的なワインのような味わいを実現した「ノンアルでワインの休日」を発売。12月に「のんある晩酌ハイボールノンアルコール」を限定発売しました。さらに，お酒を飲む人も飲まない人も一緒に楽しめる場として，期間限定で4月に「のんある酒場」，12月に「のんある忘年会酒場in新橋」をオープンするなど，ノンアルコール飲料の魅力をお客様にお伝えしました。

以上の結果，酒類セグメントは売上収益（酒税込み）1兆2,459億円（前年同期比118%），売上収益（酒税控除後）9,356億円（前年同期比119%），営業利益1,406億円（前年同期比110%）となりました。

[その他セグメント]

　健康食品事業の売上収益は，「ロコモア」「オメガエイド」などが好調で，前年同期比108%となりました。外食事業の売上収益は，大幅に伸長しました。

　その結果，その他セグメントは売上収益（酒税込み）2,794億円（前年同期比117%），売上収益（酒税控除後）2,783億円（前年同期比118%），営業利益270億円（前年同期比106%）となりました。

　親会社の所有者に帰属する当期利益は1,362億円（前年同期比120%）となりました。これは主に，前期に英国で税制改正が行われたことに伴い，繰延税金資産及び繰延税金負債の評価を見直した反動等によるものです。

　なお，国内と海外の売上収益は次のとおりです。

売上収益（酒税込み）

　国内　1兆5,028億円（前年同期比107%）

　海外　1兆4,674億円（前年同期比127%）

　海外比率　49%

売上収益（酒税控除後）

　国内　1兆2,995億円（前年同期比107%）

　海外　1兆3,593億円（前年同期比126%）

　海外比率　51%

　サントリーグループは創業以来，積極的に事業を展開するとともに，創業の精神である「利益三分主義」に基づき，社会と自然との共生を目指したさまざまな活動を展開しています。

〈水〉

　当グループのものづくりに欠かせない水においては，「水理念」に基づき，全国15都府県21ヵ所約1万2千ha※3規模の「サントリー天然水の森」で，国内工場で汲み上げる地下水量の2倍以上の水を涵養しています。また，水に関する次世代環境教育「水育」は日本だけでなく，ベトナム，タイ，インドネシア，フラ

ンス，中国，スペインで展開しているほか，水保全に関する活動は事業を展開する海外各国にも広がっています。これらの取り組みに基づき，水のサステナビリティをグローバルに推進する国際標準の権威ある機関「Alliance for Water Stewardship（以下AWS）」の認証を日本で唯一取得※4しており，AWSのメンバーシップ企業として取り組みを加速しています。1月には「環境目標2030」を改定し，自社工場※5の水使用量の原単位をグローバルで35％削減※6することや，自社工場の半数以上で水源涵養活動により使用する水の100％以上をそれぞれの水源に還元することなど，新たな目標を掲げました。

〈温室効果ガス（以下GHG）〉

　2050年までにバリューチェーン全体で，GHG排出量の実質ゼロを目指しています。その達成に向け，2030年までにGHG排出量を自社拠点で50％削減※7，バリューチェーン全体で30％削減※7する「環境目標2030」を掲げています。2022年に日本・米州・欧州の飲料・食品及び酒類事業に関わる全ての自社生産研究拠点で購入する電力を，100％再生可能エネルギー化しました。また，山梨県と環境調和型の持続可能な社会の実現に向けた基本合意書を締結しました。「グリーン水素」をつくることができる「やまなしモデルP2Gシステム」を2025年までに導入するなど，県と連動し取り組みを進めます。引き続き，自社施設や設備及びバリューチェーンの両面において，さらなる省エネ技術の積極導入や再生可能エネルギーの活用などにより排出量の削減に努めます。

〈容器包装〉

　プラスチック問題を重要課題と捉え，2030年までにグローバルで使用するすべてのペットボトルの素材を，リサイクル素材あるいは植物由来素材に100％切り替え，化石由来原料の新規使用ゼロの実現を目指しています。日本では，ペットボトルは資源として何度も循環できることを伝える新ロゴマーク「ボトルは資源！サステナブルボトルへ」を国内ペットボトル全商品※8へ3月以降順次展開。ベトナムでは，当グループにおいて日本を除くアジア地域初となるリサイクル原料100％使用ペットボトルの導入を4月より順次開始。スペインでは，5月から「Schweppes」を全数リサイクル原料100％使用ペットボトル化しました。また，使用済みプラスチックの再資源化事業に取り組む共同出資会社（株）アールプラ

スジャパンは，参画企業が現時点で40社まで拡大しています。今後も「ボトルto ボトル」水平リサイクルの推進，容器包装の軽量化，国内飲料業界初のFtoPダイレクトリサイクル技術※9などを通じ，環境負荷低減活動を継続していきます。

※3　2022年末時点。2023年2月に新たに「サントリー天然水の森とうきょう檜原」の整備に関する協定を締結し，全国15都府県において，22ヵ所（約1万2千ha）まで拡大

※4　サントリー天然水奥大山ブナの森工場（2018年），サントリー九州熊本工場（2019年），サントリー天然水南アルプス白州工場（2021年）の3工場で取得

※5　製品を製造するサントリーグループの工場

※6　2015年における事業領域を前提とした原単位での削減

※7　2019年の排出量を基準とする

※8　ラベルレス商品を除く

※9　回収したペットボトルを粉砕・洗浄したフレーク（Flake）を高温，真空で一定時間処理し，溶解・ろ過後，直接プリフォーム（Preform）を製造できる技術

　当グループは，「人」こそ経営の最も重要な基盤であり資本であるという「人本主義」の考えのもと，さまざまな取り組みを進めています。「人が最も育つ会社」を目指し，人材育成のための多種多様なプログラム開発や成長機会の提供を行っているほか，全従業員が心身ともに健康でイキイキと働くことは企業の競争力の源泉そのものであると考え，健康経営の推進にも力を入れています。

財政状態の分析

　当連結会計年度末の資産合計は，前連結会計年度末に比べて5,464億円増加し，5兆4,804億円となりました。これは主に，前連結会計年度末と比べて，主要通貨の為替レートが円安になったことにより，在外子会社の資産合計が増加したためです。

　当連結会計年度末の負債合計は，前連結会計年度末に比べて709億円増加し，2兆8,576億円となりました。これは主に，前連結会計年度末と比べて，主要通貨の為替レートが円安になったことにより，在外子会社の負債合計が増加したためです。

　当連結会計年度末の資本合計は，前連結会計年度末に比べて4,754億円増加し，2兆6,228億円となりました。これは主に，親会社の所有者に帰属する当期利益を計上したことで利益剰余金が増加したこと及び，前連結会計年度末と比べて，主要通貨の為替レートが円安になったことにより，在外営業活動体の換算差額が増加したためです。

キャッシュ・フローの分析

　当連結会計年度末の現金及び現金同等物は，前連結会計年度末に比べて42億円増加し，3,019億円となりました。

　営業活動によるキャッシュ・フローは，税引前利益や法人所得税の支払に加え，減価償却費など非資金取引などにより，2,444億円の収入（前年同期は2,808億円の収入）となりました。

　投資活動によるキャッシュ・フローは，中長期の成長へ向けて設備投資等を行ったことで，1,210億円の支出（前年同期は1,525億円の支出）となりました。

　財務活動によるキャッシュ・フローは，事業活動等により創出したキャッシュ・フローにより借入金や社債の返済を進めたことで，1,318億円の支出（前年同期は1,784億円の支出）となりました。

資本の財源及び資金の流動性

　当社グループにおける資金需要のうち，主なものは設備投資，事業投資，有利子負債の返済及び運転資金などです。

　当社グループは資金の流動性確保のため，市場環境や長短のバランスを勘案して，銀行借入やリース等による間接調達のほか，社債やコマーシャル・ペーパーの発行等の直接調達を行い，資金調達手段の多様化を図っています。

　また，事業活動等により創出したキャッシュ・フローに加えて，金融機関より随時利用可能な信用枠を確保しており，資金需要に対応しています。

　なお，今後予定されている設備投資に係る資金需要の主なものは，「第3　設備の状況　3　設備の新設，除却等の計画」に記載しています。

設備の状況

　当社グループ（当社及び連結子会社）では，生産増強，更新，販売力強化，品質向上，合理化を目的とし，当連結会計年度は，全体で1,655億円（内，使用権資産213億円）の設備投資を行いました。

　飲料・食品セグメントにおきましては，生産増強，合理化，自動販売機の設置等を中心に，630億円（内，使用権資産87億円）の設備投資を行いました。

　酒類セグメントにおきましては，生産増強，更新等を中心に，834億円（内，使用権資産60億円）の設備投資を行いました。

　その他セグメントにおきましては，店舗設備等を中心に，187億円（内，使用権資産65億円）の設備投資を行いました。

　また，各セグメントに配分できない設備投資は，4億円（内，使用権資産1億円）でした。

2 主要な設備の状況

当社グループにおける主要な設備は，次のとおりです。

(1) 提出会社 ···

事業所名	所在地	セグメントの名称	設備の内容	帳簿価額（百万円）						使用権資産	従業員数（人）
				有形固定資産							
				建物及び構築物	機械装置及び運搬具	工具、器具及び備品	土地（面積千㎡）	その他	合計		
サントリーワールドヘッドクォーターズ他	東京都港区他	全社	その他設備他	22,712	527	1,611	3,557 (225) [5]	0	28,409	13,794	1,213

(2) 国内子会社 ···

2022年12月31日現在

会社名	事業所名（所在地）	セグメントの名称	設備の内容	帳簿価額（百万円）						使用権資産	従業員数（人）
				有形固定資産							
				建物及び構築物	機械装置及び運搬具	工具、器具及び備品	土地（面積千㎡）	その他	合計		
サントリー食品インターナショナル㈱	本社他（東京都港区他）	飲料・食品	研究開発用設備・研究施設飲料製造設備その他設備	2,193	2,733	44,275	22,819 (1,861) [21]	–	72,023	1,355	532
㈱ジャパンビバレッジホールディングス	本社他（東京都新宿区他）	飲料・食品	自動販売機その他設備	1,117	–	18,532	1,923 (31)	–	21,573	1,021	– [1]
サントリープロダクツ㈱	天然水南アルプス白州工場他（山梨県北杜市他）	飲料・食品	食品製造設備等	43,921	37,696	1,535	1,287 (17) [1,828]	–	84,440	701	1,070 [13]
サントリー㈱	白州蒸溜所他（山梨県北杜市他）	酒類	ウイスキー原酒製造貯蔵設備ビール類製造設備等	37,111	78,098	1,535	18,674 (4,092) [64]	75	135,495	4,165	2,943 [17]

(3) 在外子会社 ‥‥‥‥‥‥‥‥‥‥‥‥‥‥‥‥‥‥‥‥‥‥‥‥‥‥‥‥‥‥‥‥‥‥‥‥‥

会社名	事業所名 (所在地)	セグメントの名称	設備の内容	帳簿価額（百万円）						使用権資産	従業員数(人)
				有形固定資産							
				建物及び構築物	機械装置及び運搬具	工具、器具及び備品	土地(面積千㎡)	その他	合計		
Suntory PepsiCo Vietnam Beverage Co., Ltd.	本社他 (ベトナム ホーチミン 他)	飲料・食品	飲料製造設備 その他設備	10,217	22,250	459	–	2,508	35,435	3,011	2,722 [-]
Suntory PepsiCo Beverage (Thailand) Co., Ltd.	本社他 (タイ他)	飲料・食品	飲料製造設備 その他設備	9,892	9,686	176	1,764 (318)	2,807	24,326	861	1,038 [-]
Orangina Schweppes Holding B.V.	本社他 (オランダ アムステルダム他)	飲料・食品	飲料製造設備 その他設備	8,615	27,846	556	3,462 (648)	3,301	43,783	5,158	2,695 [74]
Lucozade Ribena Suntory Limited	本社他 (イギリス ロンドン 他)	飲料・食品	飲料製造設備 その他設備	6,339	11,704	598	388 (196)	–	19,031	958	642 [40]
Pepsi Bottling Ventures LLC 他6社	本社他 (アメリカ ノースカロライナ他)	飲料・食品	飲料製造設備 その他設備	8,144	17,937	2,412	1,255 (1,113)	–	29,750	5,598	2,741 [62]
Beam Suntory Inc.	本社他 (ニューヨーク他)	酒類	ウイスキー原酒製造貯蔵設備 その他設備	89,032	119,815	902	9,622 (9,815)	92	219,465	21,264	5,967 [121]

(注) 1. 各事業所には，事務所，倉庫並びに社宅等を含んでいます。

2. 帳簿価額には，建設仮勘定は含まれていません。

3. 賃借している土地の面積は［　］で外書きしています。

4. 使用権資産の主なものは，「第5経理の状況1連結財務諸表等 (1) 連結財務諸表連結財務諸表注記23.リース」に記載しています。

5. 現在休止中の主要な設備はありません。

6. 従業員数は就業人員であり，臨時従業員数は［　］内に年間の平均人員を外数で記載しています。ただし，提出会社と一部の国内子会社の臨時従業員数は従業員数の100分の10未満であるため，記載していません。

7. 提出会社は建物の一部を貸与しています。連結会社以外への貸与中の建物は1,377百万円です。

8. サントリー食品インターナショナル (株) は土地の一部を貸与しています。連結会社以外への貸与中の土地は1,659百万円です。

9. サントリープロダクツ (株) の土地の一部はサントリー食品インターナショナル (株) から賃借しているものです。

10. サントリー (株) は土地の一部を貸与しています。連結会社以外への貸与中の土地は21百万円です。

11. Pepsi Bottling Ventures LLC の他6社 は，Midland Intermediate Holdings Inc., PBV Conway-

Myrtle Beach LLC，Ventures Food & Beverage LLC，Charlotte Bottling LLC，Ventures Spirit Beverages LLC，PBV Real Estate, LLCです。

3　設備の新設，除却等の計画

2022年12月31日現在実施中又は計画している主なものは，次のとおりです。

（1）　重要な設備の新設等 ·······························

会社名 事業所名	所在地	セグメントの名称	設備の内容	投資予定金額（百万円）		資金調達方法	着手及び完了予定	
				総額	既支払額		着手	完了予定
FRUCOR SUNTORY AUSTRALIA PTY. LIMITED	オーストラリア クイーンズランド	飲料・食品	飲料製造工場	38,784	4,649	自己資金	2023年 第1四半期	2024年 下半期
サントリー プロダクツ㈱ サントリー天然水 北アルプス信濃の森工場	長野県大町市	飲料・食品	飲料製造設備	11,900	63	自己資金	2022年6月	2024年3月
Orangina Suntory France Production Donnery工場	フランス ロワレ	飲料・食品	物流倉庫	9,097	1,464	自己資金 及びリース	2023年3月	2025年2月
Pepsi Bottling Ventures LLC	アメリカ ノースカロライナ	飲料・食品	飲料製造設備	4,645	1,661	自己資金	2022年6月	2024年1月
Pepsi Bottling Ventures LLC	アメリカ サウスカロライナ	飲料・食品	製品倉庫	4,366	－	リース	2022年9月	2024年3月
Suntory PepsiCo Vietnam Beverage Pte. Ltd.	ベトナム ロンアン省	飲料・食品	飲料製造工場	3,782	3	自己資金	2022年10月	2025年10月
サントリー㈱ 近江エージングセラー	滋賀県 東近江市	酒類	ウイスキー貯蔵庫	8,800	2,959	自己資金	2022年6月	2024年11月
サントリー㈱ 白州蒸溜所	山梨県北杜市	酒類	ウイスキー製造設備	5,940	52	自己資金	2022年11月	2024年8月
サントリー㈱ 大阪工場	大阪府 大阪市港区海岸通	酒類	スピリッツ製造設備	6,500	－	自己資金	2023年2月	2025年12月
Beam Suntory Inc. Clermont工場	アメリカ ケンタッキー州	酒類	ウイスキー製造設備	14,597	1,753	自己資金	2021年1月	2024年12月

（注）　上記の金額には，消費税等は含まれていません。

（2）　重要な設備の除却，売却 ·······························

2022年12月31日現在実施中又は計画している重要な設備の除却等はありません。

提出会社の状況

1 株式等の状況

(1) 株式の総数等 ......

① 株式の総数

種類	発行可能株式総数（株）
普通株式	1,305,600,000
計	1,305,600,000

② 発行済株式

種類	事業年度末現在発行数 （株） （2022年12月31日）	提出日現在発行数 （株） （2023年3月24日）	上場金融商品取引所 名又は登録認可金融 商品取引業協会名	内容
普通株式	687,136,196	687,136,196	該当事項は ありません。	普通株式は全て譲渡制限株式です。 　当該株式を譲渡により取得する場合、当社取締役会の承認を要しますが、寿不動産㈱、当社取締役、当社監査役その他別途取締役会の定めた者のいずれか二者間の譲渡による取得については、当社取締役会の承認があったものとみなします。なお、当社は単元株制度を採用していません。
計	687,136,196	687,136,196	－	－

経理の状況

1. 連結財務諸表及び財務諸表の作成方法について

(1) 当社の連結財務諸表は,「連結財務諸表の用語, 様式及び作成方法に関する規則」(1976年大蔵省令第28号) 第93条の規定により, 国際会計基準 (以下,「IFRS」という。) に準拠して作成しています。

(2) 当社の財務諸表は,「財務諸表等の用語, 様式及び作成方法に関する規則」(1963年大蔵省令第59号。以下「財務諸表等規則」という。) に基づいて作成しています。

　また, 当社は, 特例財務諸表提出会社に該当し, 財務諸表等規則第127条の規定により財務諸表を作成しています。

2. 監査証明について

　当社は, 金融商品取引法第193条の2第1項の規定に基づき, 連結会計年度 (2022年1月1日から2022年12月31日まで) の連結財務諸表及び事業年度 (2022年1月1日から2022年12月31日まで) の財務諸表について, 有限責任監査法人トーマツによる監査を受けています。

3. 連結財務諸表等の適正性を確保するための特段の取組み及びIFRSに基づいて連結財務諸表等を適正に作成することができる体制の整備について

　当社は, 連結財務諸表等の適正性を確保するための特段の取組み及びIFRSに基づいて連結財務諸表等を適正に作成することができる体制の整備を行っています。その内容は以下のとおりです。

(1) 適正な連結財務諸表等を作成するため, 社内規程, マニュアル等を整備するとともに, 公益財団法人財務会計基準機構へ加入し, セミナーや参考図書によって理解を深め, 会計基準等の変更等について的確に対応することができる体制を整備しています。

(2) IFRSの適用については, 国際会計基準審議会が公表するプレスリリースや基準書を随時入手し, 最新の基準の把握を行っています。また, IFRSに基づ

く適正な連結財務諸表を作成するため，IFRSに準拠したグループ会計方針を作成し，それに基づいて会計処理を行っています。

1 連結財務諸表等

(1) 連結財務諸表 ···

(単位：百万円)

	注記	前連結会計年度 （2021年12月31日）	当連結会計年度 （2022年12月31日）
資産			
流動資産			
現金及び現金同等物	8	297,717	301,938
営業債権及びその他の債権	9,36	478,517	528,880
その他の金融資産	10,36	17,236	18,802
棚卸資産	11	529,105	656,879
その他の流動資産	12	60,263	52,864
小計		1,382,839	1,559,365
売却目的で保有する資産	13	－	6,144
流動資産合計		1,382,839	1,565,509
非流動資産			
有形固定資産	14	750,780	825,613
使用権資産	23	122,657	114,596
のれん	15	907,119	1,015,862
無形資産	15	1,468,423	1,628,232
持分法で会計処理されている投資	16	52,756	55,886
その他の金融資産	10,36	168,513	196,716
繰延税金資産	17	48,332	37,199
その他の非流動資産	12	32,586	40,773
非流動資産合計		3,551,170	3,914,880
資産合計		4,934,010	5,480,390

	注記	前連結会計年度 （2021年12月31日）	当連結会計年度 （2022年12月31日）
負債及び資本			
負債			
流動負債			
社債及び借入金	18, 36	249,255	236,137
営業債務及びその他の債務	19	635,625	698,360
その他の金融負債	20, 36	100,340	103,130
未払法人所得税等		20,255	24,985
引当金	21	9,020	9,291
その他の流動負債	22	91,119	95,884
小計		1,105,616	1,167,789
売却目的で保有する資産に直接関連する負債	13	–	3,419
流動負債合計		1,105,616	1,171,208
非流動負債			
社債及び借入金	18, 36	1,131,736	1,113,588
その他の金融負債	20, 36	153,735	137,741
退職給付に係る負債	24	40,488	37,546
引当金	21	10,184	11,613
繰延税金負債	17	328,966	366,176
その他の非流動負債	22	15,888	19,682
非流動負債合計		1,681,001	1,686,349
負債合計		2,786,617	2,857,558
資本			
資本金	25	70,000	70,000
資本剰余金	25	127,856	127,741
利益剰余金	25	1,525,260	1,652,296
自己株式	25	△938	△938
その他の資本の構成要素	25	△12,173	282,461
親会社の所有者に帰属する持分合計		1,710,005	2,131,561
非支配持分		437,387	491,270
資本合計		2,147,392	2,622,832
負債及び資本合計		4,934,010	5,480,390

② 連結損益計算書

（単位：百万円）

	注記	前連結会計年度 （自　2021年1月1日 至　2021年12月31日）	当連結会計年度 （自　2022年1月1日 至　2022年12月31日）
売上収益（酒税込み）	6.27	2,559,223	2,970,138
酒税		△273,546	△311,357
売上収益（酒税控除後）	6,27	2,285,676	2,658,781
売上原価		△1,215,302	△1,468,065
売上総利益		1,070,374	1,190,716
販売費及び一般管理費	29	△830,173	△931,564
持分法による投資利益	16	9,704	11,747
その他の収益	28	15,308	23,354
その他の費用	30	△17,735	△17,785
営業利益	6	247,479	276,468
金融収益	31	6,754	3,614
金融費用	31	△16,785	△18,264
税引前利益		237,447	261,818
法人所得税費用	17	△82,049	△73,284
当期利益		155,398	188,533
当期利益の帰属			
親会社の所有者		113,965	136,211
非支配持分		41,433	52,321
当期利益		155,398	188,533
1株当たり当期利益			
基本的1株当たり当期利益（円）	33	166.19	198.63

(point) **財務諸表**

　この項目では，連結ではなく単体の貸借対照表と，損益計算書の内訳を確認すること
ができる。連結＝単体＋子会社なので，会社によっては単体の業績を調べて連結全体
の業績予想のヒントにする場合があるが，あまりその必要性がある企業は多くない。

③ 連結包括利益計算

	注記	前連結会計年度 （自 2021年1月1日 至 2021年12月31日）	当連結会計年度 （自 2022年1月1日 至 2022年12月31日）
当期利益		155,398	188,533
その他の包括利益			
純損益に振り替えられることのない項目			
その他の包括利益を通じて測定する金融資産の公正価値の純変動	32	1,961	8,139
確定給付制度の再測定	32	6,795	8,996
持分法適用会社におけるその他の包括利益に対する持分	16, 32	△1	3
純損益に振り替えられることのない項目合計		8,756	17,139
純損益に振り替えられる可能性のある項目			
在外営業活動体の換算差額	32	203,962	300,591
キャッシュ・フロー・ヘッジの公正価値の変動額の有効部分	32	2,498	△1,322
持分法適用会社におけるその他の包括利益に対する持分	16, 32	△993	6,235
純損益に振り替えられる可能性のある項目合計		205,466	305,504
税引後その他の包括利益		214,223	322,643
当期包括利益		369,621	511,177
当期包括利益の帰属			
親会社の所有者		308,854	430,471
非支配持分		60,766	80,706
当期包括利益		369,621	511,177

④ 連結持分変動計算書

（単位：百万円）

	注記	資本金	資本剰余金	利益剰余金	自己株式	その他の資本の構成要素	合計	非支配持分	資本合計
				親会社の所有者に帰属する持分					
2021年1月1日時点の残高		70,000	133,948	1,420,484	△938	△207,337	1,416,157	398,189	1,814,347
当期利益				113,965			113,965	41,433	155,398
その他の包括利益						194,889	194,889	19,333	214,223
当期包括利益合計		–	–	113,965	–	194,889	308,854	60,766	369,621
配当金	26			△8,914			△8,914	△23,971	△32,886
非支配持分との取引			△6,092				△6,092	2,402	△3,689
その他の資本の構成要素から利益剰余金への振替				△275		275	–		–
所有者との取引等合計		–	△6,092	△9,189	–	275	△15,006	△21,569	△36,576
2021年12月31日時点の残高		70,000	127,856	1,525,260	△938	△12,173	1,710,005	437,387	2,147,392
当期利益				136,211			136,211	52,321	188,533
その他の包括利益						294,259	294,259	28,384	322,643
当期包括利益合計		–	–	136,211	–	294,259	430,471	80,706	511,177
配当金	26			△8,914			△8,914	△26,820	△35,735
非支配持分との取引			△115	115			△0	△2	△2
その他の資本の構成要素から利益剰余金への振替				△375		375	–		–
所有者との取引等合計		–	△115	△9,175	–	375	△8,914	△26,822	△35,737
2022年12月31日時点の残高		70,000	127,741	1,652,296	△938	282,461	2,131,561	491,270	2,622,832

⑤ 連結キャッシュ・フロー計算書

（単位：百万円）

	注記	前連結会計年度 （自 2021年1月1日 至 2021年12月31日）	当連結会計年度 （自 2022年1月1日 至 2022年12月31日）
営業活動によるキャッシュ・フロー			
税引前利益		237,447	261,818
減価償却費及び償却費		125,754	135,215
減損損失及び減損損失戻入（△は益）		3,716	3,155
受取利息及び受取配当金		△1,643	△3,448
支払利息		16,287	15,805
持分法による投資損益（△は益）		△9,704	△11,747
関係会社株式売却損益（△は益）		–	△16,020
棚卸資産の増減額（△は増加）		△38,727	△95,386
営業債権及びその他の債権の増減額（△は増加）		△53,698	△34,262
営業債務及びその他の債務の増減額（△は減少）		66,619	38,269
その他		5,265	12,790
小計		351,317	306,188
利息及び配当金の受取額		7,917	16,939
利息の支払額		△18,420	△17,121
法人所得税の支払額		△60,034	△61,569
営業活動によるキャッシュ・フロー		280,779	244,436
投資活動によるキャッシュ・フロー			
有形固定資産及び無形資産の取得による支出		△132,509	△140,212
有形固定資産及び無形資産の売却による収入		4,151	5,199
投資の取得による支出		△24,055	△4,334
連結の範囲の変更を伴う子会社株式の取得による支出		△3,785	–
連結の範囲の変更を伴う子会社株式の売却による収入	7	–	18,400
事業譲渡による収入		4,932	–
その他		△1,253	△5
投資活動によるキャッシュ・フロー		△152,519	△120,952
財務活動によるキャッシュ・フロー			
短期借入金及びコマーシャル・ペーパーの増減額（△は減少）	35	△36,672	3,419
長期借入金及び社債の発行による収入	35	134,192	156,618
長期借入金の返済及び社債の償還による支出	35	△206,264	△225,859
リース負債の返済による支出	35	△33,035	△30,147
配当金の支払額	26	△8,914	△8,914
非支配持分への配当金の支払額		△24,003	△26,870
連結の範囲の変更を伴わない子会社株式の取得による支出		△3,688	–
その他		0	–
財務活動によるキャッシュ・フロー		△178,385	△131,755
現金及び現金同等物の増減額（△は減少）		△50,125	△8,270
現金及び現金同等物の期首残高	8	338,259	297,717
現金及び現金同等物の為替変動による影響		9,582	14,450
売却目的で保有する資産に含まれる現金及び現金同等物	13	–	△1,958
現金及び現金同等物の期末残高	8	297,717	301,938

【連結財務諸表注記】

1. 報告企業

　サントリーホールディングス（株）（以下，当社）は，日本の会社法に基づいて設立された株式会社であり，日本に所在する企業です。その登記されている本社及び主要な事業所の住所はホームページ（URL　https://www.suntory.co.jp/）に開示しています。当社の連結財務諸表は，12月31日を期末日とし，当社及びその子会社（以下，当社グループ）並びに関連会社及び共同支配企業に対する当社グループの持分により構成されています。また，当社の親会社は寿不動産（株）です。

　当社グループは，純粋持株会社制を導入しており，飲料・食品及び酒類の製造・販売，さらにその他の事業活動を行っています。当社は，グループ全体の経営戦略の策定・推進及びコーポレート機能を果たしています。当社グループの主な事業内容については注記「6．セグメント情報」に記載しています。

2. 作成の基礎

（1）準拠する会計基準

　当社グループの連結財務諸表は，「連結財務諸表の用語，様式及び作成方法に関する規則」第1条の2の「指定国際会計基準特定会社」の要件を満たすことから，同第93条の規定により，国際会計基準（以下，IFRS）に準拠して作成しています。

　本連結財務諸表は，2023年3月17日に代表取締役新浪剛史及び常務執行役員宮永暢によって承認されています。

（2）測定の基礎

　当社グループの連結財務諸表は，「3．重要な会計方針」に記載のとおり，公正価値で測定する特定の金融商品等を除き，取得原価を基礎として作成しています。

（3）機能通貨及び表示通貨

　当社グループの連結財務諸表は，当社の機能通貨である日本円を表示通貨としており，百万円未満を切り捨てて表示しています。

---

3. 重要な会計方針 ……………………………………………………………

（1） 連結の基礎 …………………………………………………………

① 子会社

子会社とは，当社グループにより支配されている企業をいいます。当社グループがある企業への関与により生じる変動リターンに対するエクスポージャー又は権利を有し，かつ，当該企業に対するパワーにより当該リターンに影響を及ぼす能力を有している場合に，当社グループは当該企業を支配していると判断しています。

子会社の財務諸表は，当社グループが支配を獲得した日から支配を喪失する日まで，連結の対象に含めています。

当社グループ間の債権債務残高及び内部取引高，並びに当社グループ間の取引から発生した未実現損益は，連結財務諸表の作成に際して消去しています。

子会社持分を一部処分した際，支配が継続する場合には，資本取引として会計処理しています。非支配持分の調整額と対価の公正価値との差額は，親会社の所有者に帰属する持分として資本に直接認識しています。

子会社の非支配持分は，当社グループの持分とは別個に識別しています。子会社の包括利益については，非支配持分が負の残高となる場合であっても，親会社の所有者と非支配持分に帰属させています。

② 関連会社

関連会社とは，当社グループが当該企業に対し，財務及び営業の方針に重要な影響力を有しているものの，支配をしていない企業をいいます。

関連会社への投資は，当初取得時には取得原価で認識し，以後は持分法によって会計処理しています。関連会社に対する投資は，取得に際して認識されたのれん（減損損失累計額控除後）を含めています。

③ 共同支配企業

共同支配企業とは，当社グループを含む複数の当事者が経済活動に対する契約上合意された支配を共有し，その活動に関連する戦略的な財務上及び営業上の決定に際して，支配を共有する当事者全ての合意を必要とする企業をいいます。

当社グループが有する共同支配企業に対する投資については，持分法によって

会計処理しています。

（2）　企業結合

　企業結合は取得法を用いて会計処理しています。取得対価は，被取得企業の支配と交換に譲渡した資産，引き受けた負債及び当社が発行する持分金融商品の取得日の公正価値の合計として測定します。取得対価が取得した識別可能な資産及び引き受けた負債の取得日における公正価値の正味の金額を超過する場合は，のれんとして計上しています。反対に下回る場合には，直ちに純損益として計上しています。

　仲介手数料，弁護士費用，デュー・デリジェンス費用等の，企業結合に関連して発生する費用は，発生時に費用処理しています。

　支配獲得後の非支配持分の追加取得については，資本取引として会計処理しているため，当該取引からのれんは認識していません。

　被取得企業における識別可能な資産及び負債は，以下を除いて，取得日の公正価値で測定しています。

- ・繰延税金資産・負債及び従業員給付契約に関連する資産・負債
- ・IFRS第5号「売却目的で保有する非流動資産及び非継続事業」に従って売却目的に分類される資産又は処分グループ

（3）　外貨換算
①　外貨建取引

　当社グループの各企業は，その企業が営業活動を行う主たる経済環境の通貨として，それぞれ独自の機能通貨を定めており，各企業の取引はその機能通貨により測定しています。

　各企業が財務諸表を作成する際，その企業の機能通貨以外の通貨での取引の換算については，取引日の為替レート又はそれに近似するレートを使用しています。

　期末日における外貨建貨幣性資産及び負債は，期末日の為替レートで換算しています。

　換算又は決済により生じる換算差額は，純損益として認識しています。ただし，

在外営業活動体に対する純投資のヘッジ手段として指定された金融商品，その他の包括利益を通じて測定する金融資産，及びキャッシュ・フロー・ヘッジから生じる換算差額については，その他の包括利益として認識しています。

② 在外営業活動体の財務諸表

　在外営業活動体の資産及び負債については期末日の為替レート，収益及び費用については著しい変動のない限り平均為替レートを用いて日本円に換算しています。在外営業活動体の財務諸表の換算から生じる換算差額は，その他の包括利益として認識しています。在外営業活動体の換算差額は，在外営業活動体が処分された期間に純損益として認識しています。

(4)　金融商品 ・・

① 金融資産

（ⅰ）　当初認識及び測定

　　当社グループは，営業債権及びその他の債権を発生日に当初認識し，その他の金融資産を当該金融資産の契約当事者になった取引日に当初認識しています。

　　当社グループは，金融資産について，純損益又はその他の包括利益を通じて公正価値で測定する金融資産，償却原価で測定する金融資産に分類しています。この分類は，当初認識時に決定しています。

　　全ての金融資産は，純損益を通じて公正価値で測定する区分に分類される場合を除き，公正価値に取引コストを加算した金額で測定しています。

　　金融資産は，以下の要件をともに満たす場合には，償却原価で測定する金融資産に分類しています。

・契約上のキャッシュ・フローを回収するために資産を保有することを目的とする事業モデルに基づいて，資産を保有している。

・金融資産の契約条件により，元本及び元本残高に対する利息の支払のみであるキャッシュ・フローが特定の日に生じる。

　　償却原価で測定する金融資産以外の金融資産は，公正価値で測定する金融資産に分類しています。

公正価値で測定する金融資産については，純損益を通じて公正価値で測定しなければならない売買目的で保有される資本性金融商品を除き，個々の資本性金融商品ごとに，純損益を通じて公正価値で測定するか，その他の包括利益を通じて公正価値で測定するかを指定し，当該指定を継続的に適用しています。

（ⅱ）　事後測定

　　金融資産の当初認識後の測定は，その分類に応じて以下のとおり測定しています。

・償却原価で測定する金融資産

　　償却原価で測定する金融資産については，実効金利法による償却原価により測定しています。

・公正価値で測定する金融資産

　　公正価値で測定する金融資産の公正価値の変動額は純損益として認識しています。ただし，資本性金融商品のうち，その他の包括利益を通じて公正価値で測定すると指定したものについては，公正価値の変動額はその他の包括利益として認識しています。その他の包括利益として認識していた累積利得又は損失は，当該金融資産を処分した場合又は公正価値が著しく下落した場合に利益剰余金に振り替えています。なお，当該金融資産からの配当金については，金融収益の一部として当期の純損益として認識しています。

（ⅲ）　金融資産の減損

　　償却原価で測定する金融資産等に係る減損については，当該金融資産に係る予想信用損失に対して損失評価引当金を認識しています。

　　当社グループは，各報告日において，金融商品に係る信用リスクが当初認識以降に著しく増大したかどうかを評価しています。

　　金融商品に係る信用リスクが当初認識以降に著しく増大していない場合には，当該金融商品に係る損失評価引当金を12ヶ月の予想信用損失と同額で測定しています。一方で，金融商品に係る信用リスクが当初認識以降に著しく増大している場合には，当該金融商品に係る損失評価引当金を全期間の予想信用損失と同額で測定しています。

ただし，営業債権等については，常に損失評価引当金を全期間の予想信用損失と同額で測定しています。

　　金融商品の予想信用損失は，信用情報の変化や債権の期日経過情報等を反映する方法で見積っています。

　　当該測定にかかる金額は，純損益で認識しています。

　　減損損失認識後に減損損失を減額する事象が発生した場合は，減損損失の減少額を純損益として戻し入れています。

（ⅳ）　金融資産の認識の中止

　　当社グループは，金融資産からのキャッシュ・フローに対する契約上の権利が失効する，又は当社グループが金融資産の所有のリスクと経済価値のほとんど全てを移転する場合にのみ金融資産の認識を中止します。当社グループが，移転した当該金融資産に対する支配を継続している場合には，継続的関与を有している範囲において，資産と関連する負債を認識します。

②　金融負債

（ⅰ）　当初認識及び測定

　　当社グループは，社債及び借入金等をその発行日に当初認識し，その他の金融負債を取引日に当初認識しています。

　　当社グループは，金融負債について，純損益を通じて公正価値で測定する金融負債と償却原価で測定する金融負債のいずれかに分類しています。この分類は，当初認識時に決定しています。

　　全ての金融負債は公正価値で当初測定していますが，償却原価で測定する金融負債については，直接帰属する取引コストを控除した金額で測定しています。

（ⅱ）　事後測定

　　金融負債の当初認識後の測定は，その分類に応じて以下のとおり測定しています。

・純損益を通じて公正価値で測定する金融負債

　　純損益を通じて公正価値で測定する金融負債については，売買目的保有の金融負債と当初認識時に純損益を通じて公正価値で測定すると指定した金融

負債を含んでおり，当初認識後公正価値で測定し，その変動については当期の純損益として認識しています。

・償却原価で測定する金融負債

　償却原価で測定する金融負債については，当初認識後実効金利法による償却原価で測定しています。

　実効金利法による償却及び認識を中止した場合の利得及び損失については，金融費用の一部として当期の純損益として認識しています。

（ⅲ）　金融負債の認識の中止

　当社グループは，金融負債が消滅したとき，すなわち，契約中に特定された債務が免責，取消し，又は失効となった時に，金融負債の認識を中止します。

③　金融資産及び金融負債の表示

　金融資産及び金融負債は，当社グループが残高を相殺する法的に強制可能な権利を有し，かつ純額で決済するか又は資産の実現と負債の決済を同時に行う意図を有する場合にのみ，連結財政状態計算書上で相殺し，純額で表示しています。

④　デリバティブ及びヘッジ会計

　当社グループは，為替変動リスクや金利変動リスクをそれぞれヘッジするために，為替予約，金利スワップ契約等のデリバティブを利用しています。これらのデリバティブは，契約が締結された時点の公正価値で当初測定し，その後も公正価値で再測定しています。

　当社グループは，ヘッジ開始時に，ヘッジ会計を適用しようとするヘッジ関係並びにヘッジを実施するに当たってのリスク管理目的及び戦略について，公式に指定及び文書化を行っています。当該文書は，具体的なヘッジ手段，ヘッジ対象となる項目又は取引並びにヘッジされるリスクの性質及びヘッジされたリスクに起因するヘッジ対象の公正価値又はキャッシュ・フローの変動に対するエクスポージャーを相殺するに際してのヘッジ手段の公正価値変動の有効性の評価方法などを含んでいます。これらのヘッジは，公正価値又はキャッシュ・フローの変動を相殺する上で非常に有効であることが見込まれますが，ヘッジ指定を受けた全ての財務報告期間にわたって実際に非常に有効であったか否かを判断するため

に，継続的に評価しています。

　また，リスク管理目的は変わっていないものの，ヘッジ手段とヘッジ対象の経済的関係に変化が生じたため，ヘッジ比率に関するヘッジの有効性の要求に合致しなくなった場合には，適格要件を再び満たすように，ヘッジ比率を調整しています。ヘッジ比率の調整後もなお，ヘッジ関係が適格要件を満たさなくなった場合には，当該要件を満たさなくなった部分についてヘッジ会計を中止しています。

　ヘッジ会計に関する要件を満たすヘッジは，IFRS第9号「金融商品」（2014年7月改訂）（以下，IFRS第9号）に基づき以下のように分類し，会計処理しています。

（ⅰ）　公正価値ヘッジ

　　　ヘッジ手段に係る公正価値変動は，純損益として認識しています。ただし，その他の包括利益を通じて公正価値で測定すると指定した資本性金融商品をヘッジ対象とした場合の公正価値変動については，その他の包括利益として認識しています。ヘッジされるリスクに起因するヘッジ対象の公正価値変動は，ヘッジ対象の帳簿価額を修正し，純損益として認識しています。ただし，その他の包括利益を通じて公正価値で測定すると指定した資本性金融商品の公正価値変動については，その他の包括利益として認識しています。

（ⅱ）　キャッシュ・フロー・ヘッジ

　　　ヘッジ手段に係る利得又は損失のうち有効部分はその他の包括利益として認識し，非有効部分は直ちに純損益として認識しています。

　　　その他の包括利益に計上したヘッジ手段に係る金額は，ヘッジ対象である取引が純損益に影響を与える時点で純損益に振り替えています。ヘッジ対象が非金融資産又は非金融負債の認識を生じさせるものである場合には，その他の包括利益として認識している金額は，非金融資産又は非金融負債の当初の帳簿価額の修正として処理しています。

　　　予定取引又は確定約定の発生がもはや見込まれない場合には，従来その他の包括利益を通じて資本として認識していた累積損益を純損益に振り替えています。ヘッジされた将来キャッシュ・フローの発生がまだ見込まれる場合には，従来その他の包括利益を通じて資本として認識していた金額は，当該

将来キャッシュ・フローが発生するまで引き続き資本に計上しています。

（ⅲ）　在外営業活動体に対する純投資ヘッジ

　　　一部の在外営業活動体に対する純投資から発生する換算差額については，キャッシュ・フロー・ヘッジと同様の方法で会計処理しています。ヘッジ手段に係る利得又は損失のうち，有効部分はその他の包括利益で認識し，非有効部分は純損益として認識しています。在外営業活動体の処分時には，従来その他の包括利益を通じて資本として認識していた累積損益を純損益に振り替えています。

（5）　現金及び現金同等物

　現金及び現金同等物は，手許現金，随時引き出し可能な預金及び容易に換金可能であり，かつ，価値の変動について僅少なリスクしか負わない短期投資から構成されています。

（6）　棚卸資産

　棚卸資産は，取得原価と正味実現可能価額のいずれか低い価額で測定しています。正味実現可能価額は，通常の事業過程における見積売価から，完成までに要する見積原価及び見積販売費用を控除した額です。取得原価は，主として総平均法に基づいて算定されており，購入原価，加工費及び現在の場所及び状態に至るまでに要した全ての費用を含んでいます。

（7）　有形固定資産

　有形固定資産の測定は原価モデルを採用し，取得原価から減価償却累計額及び減損損失累計額を控除した価額で表示しています。

　取得原価には，資産の取得に直接関連する費用，解体・除去及び土地の原状回復費用，及び資産計上すべき借入コストが含まれています。

　土地及び建設仮勘定以外の各資産の減価償却費は，それぞれの見積耐用年数にわたり，定額法で計上しています。主要な資産項目ごとの見積耐用年数は以下のとおりです。

・建物　　　　　　：3－50年

・機械装置及び備品：2－20年

　なお，見積耐用年数，残存価額及び減価償却方法は，各年度末に見直しを行い，変更があった場合は，会計上の見積りの変更として将来に向かって適用しています。

(8)　のれん及び無形資産 ··

①　のれん

　のれんは取得原価から減損損失累計額を控除した価額で計上しています。

　のれんの当初認識時の測定方法は，「3. 重要な会計方針　(2) 企業結合」に記載しています。

　のれんの償却は行わず，毎期又は減損の兆候が存在する場合には，その都度，減損テストを実施しています。減損損失の測定方法は「3. 重要な会計方針　(10) 非金融資産の減損」に記載しています。

②　無形資産

　無形資産の測定は原価モデルを採用し，取得原価から償却累計額及び減損損失累計額を控除した価額で表示しています。

　個別に取得した無形資産は，資産の取得に直接起因する費用を含めて測定しています。

　企業結合において取得した無形資産の当初認識時の測定方法は，「3. 重要な会計方針　(2) 企業結合」に記載しています。

　耐用年数を確定できる無形資産は，それぞれの見積耐用年数にわたって定額法で償却しています。主要な無形資産の見積耐用年数は以下のとおりです。

・商標権：10－30年

　なお，見積耐用年数，残存価額及び償却方法は，各年度末に見直しを行い，変更があった場合は，会計上の見積りの変更として将来に向かって適用しています。

　耐用年数を確定できない無形資産については，償却は行わず，毎期又は減損の兆候が存在する場合には，その都度，減損テストを実施しています。減損損失の

測定方法は「3. 重要な会計方針 （10）非金融資産の減損」に記載しています。

（9） リース

　リース開始日において，使用権資産は取得原価で，リース負債はリース開始日における支払われていないリース料の現在価値で測定しています。原資産の所有権がリース期間の終了時までに当社グループに移転する場合，又は使用権資産の取得原価が購入オプションを行使することを反映している場合には，使用権資産を耐用年数で定額法により減価償却しています。それ以外の場合には，使用権資産を耐用年数又はリース期間の終了時のいずれか短い年数にわたり定額法により減価償却しています。リース料は，利息法に基づき金融費用とリース負債の返済額に配分し，金融費用は連結損益計算書において認識しています。

　リース期間は，リース契約に基づく解約不能期間に行使することが合理的に確実な延長オプション，解約オプションの対象期間を調整して決定しています。現在価値の測定に際してはリースの計算利子率もしくは追加借入利子率を使用しています。

　なお，リース期間が12ヶ月以内の短期リース及び原資産が少額のリースについては，リース料総額をリース期間にわたって定額法又はその他の規則的な基礎のいずれかによって費用として認識しています。

（10） 非金融資産の減損

　棚卸資産及び繰延税金資産を除く非金融資産の帳簿価額は，期末日ごとに減損の兆候の有無を判断しています。減損の兆候が存在する場合は，当該資産の回収可能価額を見積っています。のれん及び耐用年数を確定できない，又は未だ使用可能ではない無形資産については，回収可能価額を毎年同じ時期に見積っています。

　資産又は資金生成単位の回収可能価額は，使用価値と売却費用控除後の公正価値のうちいずれか大きい方の金額としています。使用価値の算定において，見積将来キャッシュ・フローは，貨幣の時間的価値及び当該資産に固有のリスクを反映した税引前割引率を用いて現在価値に割り引いています。減損テストにおい

て個別にテストされない資産は，継続的な使用により他の資産又は資産グループのキャッシュ・インフローから，概ね独立したキャッシュ・インフローを生成する最小の資金生成単位に統合しています。のれんの減損テストを行う際には，のれんが配分される資金生成単位を，のれんが関連する最小の単位を反映して減損がテストされるように統合しています。企業結合により取得したのれんは，結合のシナジーが得られると期待される資金生成単位に配分しています。

当社グループの全社資産は，独立したキャッシュ・インフローを生成しません。全社資産に減損の兆候がある場合，全社資産が帰属する資金生成単位の回収可能価額を決定しています。

減損損失は，資産又は資金生成単位の帳簿価額が回収可能価額を超過する場合に純損益として認識します。資金生成単位に関連して認識した減損損失は，まずその単位に配分されたのれんの帳簿価額を減額するように配分し，次に資金生成単位内のその他の資産の帳簿価額を比例的に減額します。

のれんに関連する減損損失は戻し入れしません。その他の資産については，過去に認識した減損損失は，毎期末日において損失の減少又は消滅を示す兆候の有無を評価しています。回収可能価額の決定に使用した見積りが変化した場合は，回収可能価額を見直し，減損損失を戻し入れます。減損損失は，減損損失を認識しなかった場合の帳簿価額から必要な減価償却費及び償却額を控除した後の帳簿価額を超えない金額を上限として戻し入れます。

（11）　従業員退職給付 ……………………………………………………………

当社グループは，従業員の退職給付制度として確定給付制度と確定拠出制度を運営しています。

当社グループは，確定給付制度債務の現在価値及び関連する当期勤務費用並びに過去勤務費用を，予測単位積増方式を用いて算定しています。

割引率は，将来の毎年度の給付支払見込日までの期間を基に割引期間を設定し，割引期間に対応した期末日時点の優良社債の市場利回りに基づき算定しています。

確定給付制度に係る負債又は資産は，確定給付制度債務の現在価値から，制

度資産の公正価値（必要な場合には，確定給付資産の上限，最低積立要件への調整を含む）を控除して算定しています。

確定給付制度の再測定額は，発生した期においてその他の包括利益として一括認識しています。

過去勤務費用は発生した期の純損益として認識しています。　確定拠出型の退職給付に係る費用は，関連する役務が提供された時点で費用として認識しています。

（12）　引当金

引当金は，過去の事象の結果として，当社グループが，現在の法的又は推定的債務を負っており，当該債務を決済するために経済的資源の流出が生じる可能性が高く，当該債務の金額について信頼性のある見積りができる場合に認識しています。引当金は，見積将来キャッシュ・フローを貨幣の時間的価値及び当該負債に特有のリスクを反映した税引前の利率を用いて現在価値に割り引いています。時の経過に伴う割引額の割戻しは，金融費用として認識しています。

（13）　収益

①　物品の販売

当社グループは，主に，飲料・食品及び酒類の販売を行っており，通常は卸売業者等に物品を引渡した時点において，顧客が当該物品に対する支配を獲得することで，当社グループの履行義務が充足されるため，物品を引渡した時点で収益を認識しています。

また，収益は，顧客との契約において約束した対価から，値引，割戻，消費税等の第三者のために回収した税金，販売奨励金及び返品等を控除した金額で測定しています。

②　利息収益

利息収益は，実効金利法により認識しています。

（14） 政府補助金 ··

　補助金交付のための条件を満たし，補助金を受領することに合理的な保証がある場合は，補助金収入を公正価値で測定し，認識しています。発生した費用に対する補助金は，費用の発生と同じ報告期間に収益として計上しています。資産の取得に対する補助金は，資産の帳簿価額から補助金を控除しています。

（15） 法人所得税 ···

　法人所得税は，当期税金及び繰延税金から構成されています。これらは，企業結合に関連するもの，及び直接資本又はその他の包括利益で認識する項目を除き，純損益として認識しています。

　当期税金は，税務当局に対する納付又は税務当局から還付が予想される金額で測定します。税額の算定にあたっては，当社グループが事業活動を行い，課税対象となる純損益を稼得する国において，期末日までに制定又は実質的に制定されている税率及び税法に従っています。

　繰延税金は，期末日における資産及び負債の会計上の帳簿価額と税務上の金額との一時差異，繰越欠損金及び繰越税額控除に対して認識しています。

　なお，以下の一時差異に対しては，繰延税金資産及び負債を計上していません。
　・のれんの当初認識から生じる一時差異
　・企業結合取引を除く，会計上の利益にも税務上の課税所得にも影響を与えない取引によって発生する資産及び負債の当初認識により生じる一時差異
　・子会社及び関連会社に対する投資及び共同支配の取決めに対する持分に係る将来減算一時差異のうち，予測可能な将来に一時差異が解消しない可能性が高い場合，又は当該一時差異の使用対象となる課税所得が稼得される可能性が低い場合
　・子会社及び関連会社に対する投資及び共同支配の取決めに対する持分に係る将来加算一時差異のうち，解消時期をコントロールでき，かつ予測可能な期間内に一時差異が解消しない可能性が高い場合

　繰延税金負債は原則として全ての将来加算一時差異について認識し，繰延税金資産は将来減算一時差異を使用できるだけの課税所得が稼得される可能性が高い

範囲内で，全ての将来減算一時差異について認識しています。

　繰延税金資産の帳簿価額は毎期見直し，繰延税金資産の全額又は一部が使用できるだけの十分な課税所得が稼得されない可能性が高い部分については，帳簿価額を減額しています。未認識の繰延税金資産は毎期再評価され，将来の課税所得により繰延税金資産が回収される可能性が高くなった範囲内で認識しています。

　繰延税金資産及び負債は，期末日において制定されている，又は実質的に制定されている法定税率及び税法に基づいて資産が実現する期間又は負債が決済される期間に適用されると予想される税率及び税法によって測定しています。

　繰延税金資産及び負債は，当期税金負債と当期税金資産を相殺する法律上強制力のある権利を有し，かつ同一の税務当局によって同一の納税主体に課されている場合，相殺しています。

　当社グループは，法人所得税の不確実な税務ポジションについて，税法上の解釈に基づき税務ポジションが発生する可能性が高い場合には，合理的な見積額を資産又は負債として認識しています。

　当社及び国内の100％出資子会社は，1つの連結納税グループとして法人税の申告・納付を行う連結納税制度を適用しています。

（16）　1株当たり利益 ･･

　基本的1株当たり当期利益は，親会社の普通株主に帰属する当期損益を，その期間の自己株式を調整した発行済普通株式の加重平均株式数で除して計算しています。

（17）　売却目的で保有する資産 ･･･

　継続的な使用ではなく，売却により回収が見込まれる資産及び資産グループのうち，1年以内に売却する可能性が非常に高く，かつ現在の状態で即時に売却可能で，当社グループの経営者が売却を確約している場合には，売却目的で保有する非流動資産及び処分グループとして分類します。非流動資産は減価償却又は償却は行わず，帳簿価額と売却費用控除後の公正価値のうち，いずれか低い方の金

額で測定しています。

(18) 自己株式 ···

　自己株式は取得原価で評価し，資本から控除しています。当社の自己株式の購入，売却又は消却において利得又は損失は認識していません。なお，帳簿価額と売却時の対価との差額は，資本として認識しています。

4. 重要な会計上の判断及び見積りの不確実性の主要な発生要因 ················

　IFRSに準拠した連結財務諸表の作成において，経営者は，会計方針の適用並びに資産，負債，収益及び費用の金額に影響を及ぼす判断，見積り及び仮定を行うことが要求されています。実際の業績は，これらの見積りとは異なる場合があります。

　見積り及びその基礎となる仮定は継続して見直します。会計上の見積りの見直しによる影響は，見積りを見直した会計期間及びそれ以降の将来の会計期間において認識しています。

　経営者が行った連結財務諸表の金額に重要な影響を与える判断及び見積りは以下のとおりです。

- ・有形固定資産，無形資産及びのれんの減損に関する見積り（「3.重要な会計方針」(10)非金融資産の減損，「14.有形固定資産」及び「15.のれん及び無形資産」参照）
- ・確定給付制度債務の測定（「3.重要な会計方針」(11)従業員退職給付，「24.従業員給付」参照）
- ・引当金の認識・測定に関する判断及び見積り（「3.重要な会計方針」(12)引当金」，「21.引当金」参照）
- ・繰延税金資産の回収可能性の判断（「3.重要な会計方針」(15)法人所得税，「17.法人所得税」参照）
- ・連結範囲の決定における投資先を支配しているか否かの判断（「3.重要な会計方針」(1)連結の基礎，「16. 持分法で会計処理されている投資」参照）
- ・金融商品の公正価値測定（「3.重要な会計方針」(4)金融商品，「36.金融商品」

（4）金融商品の公正価値参照）

・有形固定資産及び無形資産の残存価額・耐用年数の見積り（「3.重要な会計方針」（7）有形固定資産，（8）のれん及び無形資産，「14.有形固定資産」及び「15.のれん及び無形資産」参照）

・企業結合により取得した資産及び引き受けた負債の公正価値の見積り（「3.重要な会計方針」（2）企業結合，「7.事業の取得，売却及び非支配持分の取得」参照）

（1）　財務諸表 ···

①　貸借対照表

（単位：百万円）

	前事業年度 （2021年12月31日）	当事業年度 （2022年12月31日）
資産の部		
流動資産		
現金及び預金	47,819	49,493
売掛金	※2 4,251	※2 5,610
短期貸付金	※2 1,234,597	※2 1,157,805
前渡金	656	1,703
未収入金	※2 19,564	※2 179,807
その他	※2 6,294	※2 5,677
貸倒引当金	△640	△807
流動資産合計	1,312,543	1,399,289
固定資産		
有形固定資産		
建物	25,058	24,101
機械及び装置	631	775
工具、器具及び備品	4,369	4,262
土地	3,670	3,670
建設仮勘定	45	72
その他	810	1,128
有形固定資産合計	34,586	34,011
無形固定資産		
借地権	3,705	3,705
その他	134	326
無形固定資産合計	3,840	4,031
投資その他の資産		
投資有価証券	※1 19,332	※1 25,213
関係会社株式	517,556	512,783
関係会社長期貸付金	369,655	360,214
破産更生債権等	※2 3,854	※2 3,854
長期前払費用	※2 1,328	※2 1,680
前払年金費用	12,689	10,007
その他	※2 6,565	※2 6,536
貸倒引当金	△4,019	△3,854
投資その他の資産合計	926,964	916,436
固定資産合計	965,390	954,480
繰延資産	759	706
資産合計	2,278,693	2,354,477

(単位：百万円)

	前事業年度 (2021年12月31日)	当事業年度 (2022年12月31日)
負債の部		
流動負債		
短期借入金	15	11
1年内返済予定の長期借入金	73,712	48,630
1年内償還予定の社債	67,295	60,000
未払金	※2 2,377	※2 41,476
未払費用	※2 13,804	※2 36,258
未払消費税等	275	979
未払法人税等	1,504	1,423
従業員預り金	15,578	15,002
預り金	※2 99,964	※2 50,683
賞与引当金	6,242	5,828
その他	※2 103,370	※2 111,691
流動負債合計	384,140	371,986
固定負債		
社債	275,505	300,523
長期借入金	654,326	674,585
繰延税金負債	961	2,209
退職給付引当金	9,276	9,445
その他	※2 5,665	※2 4,247
固定負債合計	945,735	991,011
負債合計	1,329,876	1,362,997
純資産の部		
株主資本		
資本金	70,000	70,000
資本剰余金		
資本準備金	17,500	17,500
その他資本剰余金	268,867	268,867
資本剰余金合計	286,367	286,367
利益剰余金		
その他利益剰余金		
特別償却準備金	6	14
固定資産圧縮積立金	1,916	2,016
特定株式取得積立金	52	–
別途積立金	312,700	312,700
繰越利益剰余金	275,594	314,848
利益剰余金合計	590,269	629,578
自己株式	△938	△938
株主資本合計	945,698	985,007
評価・換算差額等		
その他有価証券評価差額金	5,326	7,233
繰延ヘッジ損益	△2,207	△761
評価・換算差額等合計	3,118	6,472
純資産合計	948,817	991,479
負債純資産合計	2,278,693	2,354,477

② 損益計算書

	前事業年度 （自　2021年 1 月 1 日 至　2021年12月31日）	当事業年度 （自　2022年 1 月 1 日 至　2022年12月31日）
営業収益		
ロイヤリティー収入	※1 38,159	※1 40,427
関係会社受取配当金	※1 68,865	※1 65,932
その他	※1 1,449	※1 16,087
営業収益合計	108,473	122,448
営業費用		
一般管理費	※1,※2 47,894	※1,※2 70,065
営業費用合計	47,894	70,065
営業利益	60,579	52,382
営業外収益		
受取利息	※1 9,603	※1 9,863
有価証券利息	7	7
受取配当金	312	380
為替差益	206	697
投資事業組合運用益	4,980	－
その他	※1 164	※1 329
営業外収益合計	15,275	11,278
営業外費用		
支払利息	※1 5,870	※1 4,979
社債利息	1,372	1,475
投資事業組合運用損	－	1,182
その他	1,215	825
営業外費用合計	8,459	8,462
経常利益	67,395	55,198
特別利益		
抱合せ株式消滅差益	－	※3 1,936
その他	－	10
特別利益合計	－	1,946
特別損失		
関係会社支援損	※1 12,700	※1 8,098
その他	1,284	31
特別損失合計	13,984	8,129
税引前当期純利益	53,411	49,015
法人税、住民税及び事業税	2,965	850
法人税等調整額	△801	△59
法人税等合計	2,164	791
当期純利益	51,247	48,224

③ 株主資本等変動計算書

前事業年度（自 2021年1月1日 至 2021年12月31日）

（単位：百万円）

	株主資本											
		資本剰余金			利益剰余金						自己株式	株主資本合計
	資本金	資本準備金	その他資本剰余金	資本剰余金合計	その他利益剰余金					利益剰余金合計		
					特別償却準備金	固定資産圧縮積立金	特定株式取得積立金	別途積立金	繰越利益剰余金			
当期首残高	70,000	17,500	268,867	286,367	13	1,970	–	312,700	233,253	547,937	△938	903,366
当期変動額												
剰余金の配当									△8,914	△8,914		△8,914
当期純利益									51,247	51,247		51,247
特別償却準備金の取崩					△6				6	–		–
固定資産圧縮積立金の取崩						△53			53	–		–
特定株式取得積立金の積立							52		△52	–		–
株主資本以外の項目の当期変動額（純額）												
当期変動額合計	–	–	–	–	△6	△53	52	–	42,341	42,332	–	42,332
当期末残高	70,000	17,500	268,867	286,367	6	1,916	52	312,700	275,594	590,269	△938	945,698

| | 評価・換算差額等 | | | 純資産合計 |
	その他有価証券評価差額金	繰延ヘッジ損益	評価・換算差額等合計	
当期首残高	5,257	△2,817	2,440	905,806
当期変動額				
剰余金の配当				△8,914
当期純利益				51,247
特別償却準備金の取崩				–
固定資産圧縮積立金の取崩				–
特定株式取得積立金の積立				–
株主資本以外の項目の当期変動額（純額）	68	609	678	678
当期変動額合計	68	609	678	43,010
当期末残高	5,326	△2,207	3,118	948,817

当事業年度（自　2022年1月1日　至　2022年12月31日）

（単位：百万円）

	株主資本											
	資本金	資本剰余金			利益剰余金							自己株式	株主資本合計
		資本準備金	その他資本剰余金	資本剰余金合計	その他利益剰余金					利益剰余金合計		
					特別償却準備金	固定資産圧縮積立金	特定株式取得積立金	別途積立金	繰越利益剰余金			
当期首残高	70,000	17,500	268,867	286,367	6	1,916	52	312,700	275,594	590,269	△938	945,698
当期変動額												
剰余金の配当									△8,914	△8,914		△8,914
当期純利益									48,224	48,224		48,224
特別償却準備金の積立					8				△8	–		
特別償却準備金の取崩					△12				12	–		
固定資産圧縮積立金の取崩						△52			52	–		
特定株式取得積立金の取崩							△52		52	–		
合併による増加					10	152			△163	–		
株主資本以外の項目の当期変動額（純額）												
当期変動額合計	–	–	–	–	7	100	△52	–	39,253	39,309	–	39,309
当期末残高	70,000	17,500	268,867	286,367	14	2,016	–	312,700	314,848	629,578	△938	985,007

	評価・換算差額等			純資産合計
	その他有価証券評価差額金	繰延ヘッジ損益	評価・換算差額等合計	
当期首残高	5,326	△2,207	3,118	948,817
当期変動額				
剰余金の配当				△8,914
当期純利益				48,224
特別償却準備金の積立				–
特別償却準備金の取崩				–
固定資産圧縮積立金の取崩				–
特定株式取得積立金の取崩				–
合併による増加				–
株主資本以外の項目の当期変動額（純額）	1,906	1,446	3,353	3,353
当期変動額合計	1,906	1,446	3,353	42,662
当期末残高	7,233	△761	6,472	991,479

【注記事項】

(重要な会計方針)

(1) 資産の評価基準及び評価方法 ·······································

① 有価証券

満期保有目的の債券	償却原価法 (定額法)
子会社株式及び関連会社株式	移動平均法による原価法

その他有価証券

市場価格のない株式等以外のもの	決算期末日の市場価格等に基づく時価法 (評価差額は全部純資産直入法により処理し, 売却原価は移動平均法により算定)
市場価格のない株式等	移動平均法による原価法

② デリバティブ　　　　　　　　時価法

(2) 固定資産の減価償却の方法 ·······································

① 有形固定資産 (リース資産を除く)

定額法を採用しています。

② 無形固定資産 (リース資産を除く)

定額法を採用しています。なお, 自社利用のソフトウエアについては, 社内における利用可能期間 (5年以内) に基づいています。

③ リース資産

所有権移転外ファイナンス・リース取引については, リース期間を耐用年数とし, 残存価額を零とする定額法を採用しています。

(3) 引当金の計上基準 ·······································

① 貸倒引当金

債権の貸倒れによる損失に充てるため, 一般債権については貸倒実績率により, 貸倒懸念債権等特定の債権については個別に回収可能性を検討し, 回収不能見込額を計上しています。

② 賞与引当金

賞与の支出に充てるため，支給見込額に基づき計上しています。

③ 退職給付引当金

従業員の退職給付に備えるため，当事業年度末における退職給付債務及び年金資産の見込額に基づき計上しています。

（ⅰ） 退職給付見込額の期間帰属方法

退職給付債務の算定にあたり，退職給付見込額を当事業年度末までの期間に帰属させる方法については，給付算定式基準によっています。

（ⅱ） 数理計算上の差異及び過去勤務費用の費用処理方法

過去勤務費用については，その発生時における従業員の平均残存勤務期間以内の一定の年数（15年）による定額法により費用処理しています。

数理計算上の差異については，各事業年度の発生時における従業員の平均残存勤務期間以内の一定の年数（15年）による定額法により按分した額をそれぞれ発生の翌事業年度から費用処理することとしています。

（4） 収益及び費用の計上基準 ……………………………………………

当社における収益は，主に関係会社受取配当金及びロイヤリティー収入です。

① 関係会社受取配当金

受取配当金については，配当金の効力発生日をもって収益を認識しています。

② ロイヤリティー収入

グループ会社からのロイヤリティー収入であり，グループ会社に対して契約に基づき，商標の使用許諾する義務を負っており，グループ会社の売上等を算定基礎として測定し，その発生時点を考慮して収益を認識しています。

（5） その他財務諸表の作成のための基本となる重要な事項 …………………

① ヘッジ会計の処理

主に繰延ヘッジ処理を採用しています。また，為替変動リスクのヘッジについて振当処理の要件を充たしている場合には振当処理を，金利スワップについて特例処理の条件を充たしている場合には特例処理を採用しています。

② 連結納税制度の適用

　連結納税制度を適用しています。

③ 退職給付に係る会計処理

　退職給付に係る未認識数理計算上の差異及び未認識過去勤務の未処理額の会計処理の方法は，連結財務諸表におけるこれらの会計処理の方法と異なっています。

④ 連結納税制度からグループ通算制度への移行に係る税効果会計の適用

　当社は，翌事業年度から，連結納税制度からグループ通算制度へ移行することとなります。ただし，「所得税法等の一部を改正する法律」（2020年法律第8号）において創設されたグループ通算制度への移行及びグループ通算制度への移行にあわせて単体納税制度の見直しが行われた項目については，「連結納税制度からグループ通算制度への移行に係る税効果会計の適用に関する取扱い」（実務対応報告第39号2020年3月31日）第3項の取扱いにより，「税効果会計に係る会計基準の適用指針」（企業会計基準適用指針第28号2018年2月16日）第44項の定めを適用せず，繰延税金資産及び繰延税金負債の額について，改正前の税法の規定に基づいています。

　なお，翌事業年度の期首から，グループ通算制度を適用する場合における法人税及び地方法人税並びに税効果会計の会計処理及び開示の取扱いを定めた「グループ通算制度を適用する場合の会計処理及び開示に関する取扱い」（実務対応報告第42号2021年8月12日）を適用する予定です。

（重要な会計上の見積り）

関係会社株式及び貸付金の評価

（1）　当事業年度の財務諸表に計上した金額 ·······································

　　関係会社株式　　　　　 512,783百万円

　　関係会社貸付金　　　 1,511,003百万円

（2）　識別した項目に係る会計上の見積りの内容に関する情報 ··················

　　関係会社株式及び関係会社貸付金の主な内容は酒類事業に属するサントリー株式会社（以下，当該子会社）の株式と同社への貸付金です。また，当該子会社の

主要な資産は関係会社株式であり，その主なものは2014年に取得したBeam Inc.（現Beam Suntory Inc.）の株式です。

　市場価格のない関係会社株式は，実質価額が50％以上下落し，かつ回復可能性が見込めない場合に評価損を計上しています。関係会社株式のうち将来の超過収益力を加味した価額で取得した株式については，当事業年度末における超過収益力の価値を実質価額に反映させています。

　また，関係会社貸付金は，関係会社の純資産が債務超過になる等，回復可能性が見込めない場合に貸倒引当金を計上しています。

　当事業年度末における超過収益力は，取得価額算定の基礎となった買収時の事業計画と実績の比較，割引将来キャッシュ・フロー法に基づき回収可能価額を算定して，評価しています。

　当該見積り及び仮定は，事業環境の変化等によって翌事業年度に係る財務諸表に重要な影響を与える可能性があります。

（会計方針の変更）

　収益認識に関する会計基準等の適用「収益認識に関する会計基準」（企業会計基準第29号　2020年3月31日。以下「収益認識会計基準」という。）等を当事業年度の期首から適用し，約束した財又はサービスの支配が顧客に移転した時点で，当該財又はサービスと交換に受け取ると見込まれる金額で収益を認識することといたしました。

　収益認識会計基準等の適用については，収益認識会計基準第84項のただし書きに定める経過的な取扱いに従っておりますが，利益剰余金期首残高に与える影響はありません。

　なお，当事業年度の財務諸表に与える影響はありません。

時価の算定に関する会計基準等の適用

　「時価の算定に関する会計基準」（企業会計基準第30号　2019年7月4日。以下「時価算定会計基準」という。）等を当事業年度の期首から適用し，時価算定会計基準第19項及び「金融商品に関する会計基準」（企業会計基準第10号

2019年7月4日）第44−2項に定める経過的な取扱いに従って，時価算定会計基準等が定める新たな会計方針を，将来にわたって適用することといたしました。

　なお，当事業年度の財務諸表に与える影響はありません。

（表示方法の変更）

損益計算書

　前事業年度において区分掲記して表示しておりました「営業収益」の「賃貸収入」は，金額的重要性が乏しくなったため，当事業年度より，「営業収益」の「その他」に含めて表示しています。この表示方法の変更を反映させるため，前事業年度の財務諸表の組替えを行っています。

　この結果，前事業年度の損益計算書において，「営業収益」の「賃貸収入」に表示していた1,449百万円は，「その他」1,449百万円として組み替えています。

　なお，当事業年度の「その他」には，賃貸収入の他，業務受託料収入を含みます。

第2章

食品・飲料業界の"今"を知ろう

企業の募集情報は手に入れた。しかし，それだけではまだ不十分。企業単位ではなく，業界全体を俯瞰する視点は，面接などでもよく問われる重要ポイントだ。この章では直近1年間の運輸業界を象徴する重大ニュースをまとめるとともに，今後の展望について言及している。また，章末には運輸業界における有名企業（一部抜粋）のリストも記載してあるので，今後の就職活動の参考にしてほしい。

▶▶「おいしい」を，お届け。

食品・飲料 業界の動向

> 「食品」は私たちの暮らしに関わりの深い業界で，調味料，加工食品，菓子，パン，飲料など，多様な製品がある。食品に関する分野は多彩だが，人口減少の影響で国内の市場は全体に縮小傾向にある。

❖ 加工食品の動向

　2022年の国内の加工食品市場規模は，30兆2422億円となった（矢野経済研究所調べ）。また，同社の2026年の予測は31兆984億円となっている。外食産業向けが回復傾向にあることに加え、食品の価格が値上がりしていることで市場規模は拡大する見込みである。

　食べ物は人間の生活に欠かせない必需品のため，食品業界は景気変動の影響を受けにくいといわれる。しかし，日本は加工食品の原料の大部分を輸入に頼っており，為替や相場の影響を受けやすい。一例を挙げると，小麦は9割が輸入によるもので，政府が一括して購入し，各社に売り渡される。大豆の自給率も7％で9割以上を輸入で賄っており，砂糖の原料もまた6割強を輸入に頼っている。そのため，2022年は未曾有の値上げラッシュとなった。2023年度も原料高に加えて人件費の上昇も加算。帝国データバンクによると主要195社の食品値上げは2万5768品目だったことに対し，2023年は年間3万品目を超える見通しとなっている。近年の物流費や人件費の高騰もあり，食品メーカーは，AI・IoT技術を活用した生産体制の合理化によるコストの低減や，値上げによる買い控えに対抗するため「利便性」や「健康志向」など付加価値のある商品の開発を進めている。また，グローバル市場の取り込みも急務で，各国市場の特性を踏まえながら，スピード感を持って海外展開を進めていくことが求められる。

122　第2章

●「利便性」や「健康志向」などをアピールする高付加価値商品

利便性については，単身世帯の増加や女性の就業率上昇に伴い，簡単に調理が可能な食品の需要が増えている。そんな事情から，カットされた食材や調味料がセットになって宅配されるサービス「ミールキット」の人気が高まっている。2013年にサービスが始まったオイシックスの「Kit Oisix」は，2019年には累計出荷数は4000万食を超えてた。ヨシケイのカフェ風でおしゃれな「Lovyu（ラビュ）」の販売数は2016年5月の発売から1年間で700万食を突破した。また，日清フーズが手がける小麦粉「日清 クッキング フラワー」は，コンパクトなボトルタイプで少量使いのニーズに応え，累計販売数2600万個という異例のヒットとなった。

健康については，医療費が増大している背景から，政府も「セルフメディケーション」を推進している。2015年4月には消費者庁によって，特定保健用食品（トクホ）・栄養機能食品に続く「機能性表示食品」制度がスタートした。トクホが消費者庁による審査で許可を与えられる食品であるのに対して，機能性表示食品はメーカーが科学的根拠を確認し，消費者庁に届け出ることで，機能性が表示できるという違いがある。同制度施行後，機能性をうたった多くの商品が登場し，2020年6月時点での届出・受理件数は3018件となっている。日本初の機能性表示食品のカップ麺となったのは，2017年3月に発売されたエースコックの「かるしお」シリーズで，減塩率40％，高めの血圧に作用するGABAを配合している。機能性表示はないものの，糖質・脂質オフで爆発的ヒットとなったのは，日清食品の「カップヌードルナイス」で，2017年4月の発売からわずか40日で1000万個を突破し，日清史上最速記録となった。そのほか，「内臓脂肪を減らす」をアピールした雪印メグミルクの「恵megumiガセリ菌SP株ヨーグルト」や「情報の記憶をサポート」とパッケージに記載したマルハニチロの「DHA入りリサーラソーセージ」も，売上を大きく伸ばしている。

人口減の影響で売上の大きな増加が難しい国内では，商品の価値を上げることで利益を出す方針が重要となる。多少価格が高くとも，特定の健康機能を訴求した商品などはまさにそれに当たる。時代のニーズに剃った商品開発が継続して求められている。

●政府も後押しする，海外展開

景気動向に左右されにくいといわれる食品業界だが，少子高齢化の影響で，国内市場の縮小は避けられない。しかし，世界の食品市場は拡大傾向

にある。新興国における人口増加や消費市場の広がりにより，2009年には340兆円だった市場規模が，2030年には1,360兆円に増加すると推察されていた（農林水産省調べ）。それに向けて政府は，世界の食品市場で日本の存在感を高めるための輸出戦略を策定した。これは，日本食材の活用推進（Made From Japan），食文化・食産業の海外展開（Made By Japan），農林水産物・食品の輸出（Made In Japan）の3つの活動を一体的に推進するもので，それぞれの頭文字をとって「FBI戦略」と名づけられた。この戦略のもと，2014年に6117億円であった日本の農林水産物・食品の輸出額を，2020年に1兆円に増やしていくことが目標となっていた。

政府の施策を背景に，食品メーカーもまた，海外での事業拡大を進めている。キッコーマンはすでに営業利益の7割超を海外で稼ぎ出している。日清オイリオグループとカゴメも，海外比率が約20％である。カゴメは2016年，トマトの栽培技術や品種改良に関する研究開発拠点をポルトガルに設け，世界各地の天候や地質に合った量産技術を確立を目指している。1993年から中国に進出しているキユーピーも，2017年に上海近郊の新工場が稼働させた。日清製粉グループは，米国での小麦粉の生産能力を拡大するため，2019年にミネソタ州の工場を増設した。

海外における国内メーカーの動きに追い風となっているのが，海外での健康志向の広がりである。これまでジャンクフード大国だった米国でも，ミレニアル世代と呼ばれる若年層を中心にオーガニック食品やNon-GMO（遺伝子組み換えを行っていない食品），低糖・低カロリー食品がブームになっている。2013年にユネスコの無形文化遺産に登録された和食には「健康食」のイメージがあり，健康志向食品においては強みとなる。味の素は，2017年，米国の医療食品会社キャンブルックを買収し，メディカルフード市場へ参入した。付加価値の高い加工食品，健康ケア食品，サプリメントなどを同社のプラットフォームに乗せて展開することを意図したものと思われる。

2020年は新型コロナ禍により内食需要が高まり，家庭で簡単に調理できる乾麺や，時短・簡便食品，スナック類の売上が大きく伸びた。その一方でレストランなど業務用に商品を展開してきた企業にとっては需要の戻りがいまだ見込めていない。企業の強みによって明暗が分かれた形だが，今後健康志向などの新しいニーズに，いかに素早くこたえられるかがカギとなってくると思われる。

❖ パン・菓子の動向

　2022年のパンの生産量は，前年比微減の124万7620となっている。製パン各社も原材料高で主力製品を2年連続で値上げをしている。

　食生活の変化に伴って，パンの需要は年々拡大しており2011年にはパンの支出がコメを上回ったが，2018年は夏場の気温上昇で伸び悩んだ。製パン業界では，供給量を増やす企業が増えている。山崎製パンは約210億円を投じて，国内で28年ぶりに工場を新設し，2018年2月から操業を開始している。2016年には，ナビスコとのライセンス契約終了で1970年から続いた「リッツ」や「オレオ」の製造販売が終了したが，好調な製パン部門に注力して利益を確保している。

　菓子の分野では，原材料や素材にこだわり，プレミアム感を打ち出した高価格商品に人気が集まっている。明治が2016年9月にリニューアル発売した「明治 ザ・チョコレート」は，産地ごとのプレミアムなカカオ豆を使い，豆の生産から製造まで一貫した工程でつくられた板チョコだが，通常の2倍の価格ながら，約1年間で3000万枚というヒットにつながっている。湖池屋は，国産じゃがいもを100％使用した高級ポテトチップス「KOIKEYA PRIDE POTATO」を発売した。これは2017年2月の発売直後から大ヒットとなり，2カ月で売上が10億円を突破，半年で初年度目標の20億円を超えている。

●パンにも波及する安全性への取り組み

　2018年6月，米国食品医薬品局（FDA）が，トランス脂肪酸を多く含むマーガリン，ショートニングといった部分水素添加油脂（硬化油）について，食品への使用を原則禁止にする発表を行った。トランス脂肪酸規制の動きは世界的に急速に強まっており，日本では規制はされていないものの，自主的にトランス脂肪酸の低減化に乗り出す食品メーカー，含有量を表示するメーカーも出ている。製パン業界最大手の山崎製パンも全製品でトランス脂肪酸を低減したと自社ホームページで告知を行っている。

　トランス脂肪酸の低減にあたっては，別の健康リスクを高めないように安全性にも注意する必要がある。トランス脂肪酸が多く含まれる硬化油脂を，別の硬い性質を持つ油脂（たとえばパーム油など）に代替すれば，トランス脂肪酸は低減できるが，日本人が摂りすぎ傾向にある飽和脂肪酸の含有量

を大幅に増加させてしまう可能性もある。米国農務省（USDA）は，食品事業者にとってパーム油はトランス脂肪酸の健康的な代替油脂にはならないとする研究報告を公表している。

●8000億円に迫る乳酸菌市場

　加工食品と同様，菓子の分野でも，健康を意識した商品が増えている。とくに，明治の「R-1」をはじめとする機能性ヨーグルトは，各社が開発競争を激化させており，乳酸菌応用商品の市場規模は，2021年には7784億円となった（TPCマーケティングリサーチ調べ）。そういったなか，森永乳業が発見した独自素材「シールド乳酸菌」が注目を集めている。「シールド乳酸菌」は，免疫力を高めるヒト由来の乳酸菌で，森永乳業が保有する数千株の中から2007年に発見された。これを9年かけて商品化した森永製菓の「シールド乳酸菌タブレット」は「食べるマスク」というキャッチフレーズのインパクトもあり，2016年9月の発売から1カ月で半年分の売り上げ目標を達成した。森永乳業の登録商標であるが，他社からの引き合いも多く，永谷園のみそ汁や吉野家のとん汁など，シールド乳酸菌を導入した企業は100社を超える。その結果，森永乳業のBtoB事業の営業利益率は大きく向上した。

　キリンも2017年9月，独自開発した「プラズマ乳酸菌」を使った商品の展開を発表した。清涼飲料水やサプリメントのほか，他社との連携も始め，10年後に乳酸菌関連事業で230億円の売上高を目指す。

❖ 飲料の動向

　清涼飲料は，アルコール分が1％未満の飲料で，ミネラルウォーターや炭酸飲料，コーヒー，茶系飲料などが含まれる。全国清涼飲料工業会によれば，2022年の清涼飲料の生産量は2272万klと微増。新型コロナウイルスの影響による売上高が急減からの復調し，ネット通販も好調だ。感染リスクを懸念して重量のある飲料をまとめ買いする需要が拡大した。

　コロナ禍が追い風となったのは，乳酸菌飲料や無糖飲料といった，健康志向にマッチした商品だ。ヤクルトとポッカサッポロは2021年に植物性食品開発に向けた業務提携協議開始を発表した。また，キリンビバレッジは「iMUSE」などヘルスケア志向商品の強化を進めている。

●女性ニーズで注目のスープ系飲料

　飲料分野で注目を集めているのがスープ系飲料である。ワーキング・ウーマンをメインターゲットに，甘くなく，小腹を満たしたいニーズや，パンとあわせてランチにするニーズが増えており，自動販売機やコンビニエンスストアなどで，各社から新製品の発売が続いている。全国清涼飲料連合会の調べでは，2017年のドリンクスープの生産量は，2013年比43％増の3万2800klで4年連続で増加している。

　スープ飲料のトップシェアは，ポッカサッポロフード＆ビバレッジで，定番の「じっくりコトコト　とろ～りコーン」や「同オニオンコンソメ」に加え，2018年秋には「濃厚デミグラススープ」をラインナップに追加した。サントリー食品インターナショナルは，9月よりスープシリーズの「ビストロボス」の発売を全国の自動販売機で開始。キリンビバレッジも6月から「世界のkitchenから　とろけるカオスープ」を販売している。また，伊藤園は既存のみそ汁や野菜スープに追加して「とん汁」を発売，永谷園はJR東日本ウォータービジネスと共同開発したコラーゲン1000mg配合の「ふかひれスープ」をJR東日本の自動販売機で販売している。スムージーが好調なカゴメも販売地域は1都6県に限定しているが「野菜生活100　スムージー」シリーズとして10月より「とうもろこしのソイポタージュ」と「かぼちゃとにんじんのソイポタージュ」の販売を開始した。

❖ 酒類の動向

　国内大手4社によるビール類の2022年出荷量は，3億4000万ケース（1ケースは大瓶20本換算）で前年増。2023年10月の酒税改正で減税となるビールに追い風が吹いている。酒税法改正で，「アサヒスーパードライ」「キリン一番搾り」「サントリー生ビール」「サッポロ生ビール黒ラベル」などの主力缶製品が値下げ。となる見込みだ。

　2023年はコロナも開け，飲食店向けの業務用ビールは復調傾向にあるが，原材料の高騰もあり今回の改訂の恩恵は少ない。2022年に続き2023年も値上げされることになった。

●大手各社，積極的な海外進出もコロナが影を落とす

　酒類業界でもまた，海外市場を目指す動きが顕著になっている。国税庁

の発表では，2020年の国産酒類の輸出金額は前年比7.5％増の約710億円で，9年連続で過去最高。国内市場に縮小傾向が見える状況もあり，国内各社も，国産の輸出だけでなく，海外での製造・販売も含め，活動を活発化させている。

　2016年10月，「バドワイザー」や「コロナ」で知られるビール世界最大手アンハイザー・ブッシュ・インベブ（ベルギー）が，同2位の英SABミラーを約10兆円で買収し，世界シェアの3割を占める巨大企業が誕生した。同社は独占禁止法に抵触するのを避けるため，一部の事業を売却し，2016年から17年にかけて，アサヒがイタリアやオランダ，チェコなど中東欧のビール事業を総額約1兆2000億円で買収した。サントリーは2014年，米国蒸留酒大手ビーム社を1兆6500億円で買収し，相乗効果の創出を急いでいる。キリンは海外展開に苦戦しており，約3000億円を投じたブラジル事業を2017年に770億円でハイネケンに売却した。ただ，同年2月にはミャンマーのビール大手を買収し，すでに取得していた現地企業と合わせて，ミャンマーでの市場シェア9割を手中に収めている。また，ベトナムのビール事業で苦戦しているサッポロも，2017年に米国のクラフトビールメーカーであるアンカー・ブリューイング・カンパニーを買収した。同社のSAPPORO PREMIUM BEERは米国ではアジアビールブランドの売上トップであり，さらにクラフトビールを加えることで売上増を目指している。

　2020年は新型コロナウイルスの流行による影響で，飲食店で消費されるビールが減り，家庭で多く飲まれる第三のビールの販売量が増えた。在宅勤務や外出自粛などで運動不足になりがちな消費者が健康志向で発泡酒を求める動きもでてきている。

食品・飲料業界

直近の業界各社の関連ニュースを
ななめ読みしておこう。

食品値上げ一服、日用品は一段と　メーカー100社調査

消費財メーカー各社の値上げに一服感が漂っている。食品・日用品メーカーを対象に日経MJが10〜11月に実施した主力商品・ブランドの価格動向調査で、今後1年に値上げの意向を示した企業は51%と前回調査を11ポイント下回った。価格転嫁は進むものの販売量が減少。販路別の販売量では5割の企業がスーパー向けが減ったと回答した。

調査では今後1年間の値付けの意向について聞いた。値上げを「予定」「調整」「検討」すると回答した企業が全体の51%だった。3〜4月に実施した第1回調査からは24ポイント以上低下している。今回「値上げを予定」と回答した企業は22%と、前回調査を14ポイント下回った。

一方、価格を「変える予定はない」とした企業は6ポイント増の22%となった。値下げを「予定」「調整」「検討」と回答する企業は前回調査で1%だったが、今回は5%となった。直近3カ月で値上げした企業の割合は42%と、前回を9ポイント下回る。一方で「変えていない」とした企業は10ポイント増え59%となった。

値上げの一服感が顕著なのがここ2年ほど値上げを進めてきた食品各社。今後1年間の間に値上げを「予定」「調整」「検討」すると回答した企業の割合は計48%と、前回調査を10ポイント以上上下回った。

こうした動きの背景の一つは消費者の値上げへの抵抗感が強まっていることだ。2021年以降に値上げした主力商品・ブランドについて「販売量は減った」と回答した企業は前回調査とほぼ同等の56%。値上げ前と比べ数量ベースで苦戦が続いている企業が多い状況がうかがえる。

「数量減があり、期待したほどの売り上げ増にはなっていない」と吐露するのはキッコーマンの中野祥三郎社長。同社は主力のしょうゆ関連調味料などを4月と8月に断続的に値上げした。収益改善効果を期待したが、国内の同調味料の

4～9月の売上高は前年同期比1.2％減となった。

今後については少しずつ値上げが浸透し数量ベースでも回復するとみるものの「食品業界全体で値上げが起こっているので、どうしても節約志向の面も出ている」と打ち明ける。

23年初めに家庭用・業務用の冷凍食品を最大25％値上げした味の素。同社によると、冷凍ギョーザ類では値上げ以降にそのシェアは13ポイント減の31％となり、1位の座を「大阪王将」を展開するイートアンドホールディングス（HD）に譲り渡すことになった。

実際、調査で聞いた「消費者の支出意欲」のDI（「高くなっている」から「低くなっている」を引いた指数）は前回から8ポイント悪化しマイナス16となった。3カ月後の業況見通しも7ポイント低下のマイナス11となり、前回調査と比べても消費者の財布のひもが固くなっている状況もうかがえる。

そんな節約意識の高まりで再び脚光を浴びているのが小売各社のPBだ。都内在住の40代の主婦は「同じようなものであればいいと、値ごろなPB（プライベートブランド）品を買う機会も増えてきた」と話す。

調査では、出荷先の業態ごとに1年前と比べた販売量の状況を聞いた。ドラッグストアとコンビニエンスストア向けは「変わらない」が最も多かったのに対し、食品スーパーや総合スーパー（GMS）は「減った」が最多となった。

実際、スーパー各社では売り上げに占めるPBの比率が増えている。ヤオコーはライフコーポレーションと共同開発した「スターセレクト」などが好調。23年4～9月期のPB売上高は前年同期比10％増となった。小売大手では、イオンが生鮮品を除く食品PBの半分の刷新を計画するなど需要獲得へ動きは広がる。

自社のブランドに加えてPBも生産する企業の思いは複雑だ。ニチレイの大櫛顕也社長は「開発コストなどを考えるとPBの方が有利な面もある」とする。一方で「収益性のよいものもあるが、相手先が終売を決めたとたんに収益がゼロになるリスクがある。ブランドを育てて展開する自社製品と異なる点だ」と語る。

一方で、値上げ局面が引き続き続くとみられるのが、日用品業界だ。食品より遅く22年前半頃から値上げを始めたこともあり、今回の調査では5割の企業が今後1年で値上げの意向を示した。食品メーカーを上回り、前回調査を17ポイント上回った。値上げを「予定」する企業に限ると前回調査はゼロだったが、今回は2割に増えた。

新型コロナウイルスによる社会的制約が一服したことから、外出機会が増加。それに伴い日用品業界は大手各社が主力とする洗剤や日焼け止め関連商品など

の需要が高まっており、他業界と比べ価格を引き上げやすい局面が続く。

値上げに積極的なのは最大手の花王。原材料高により22〜23年にかけて510億円と見込むマイナス影響のうち480億円を値上げでカバーする計画だ。UVケアなどを手掛ける事業は値上げしたものの数量ベースでも伸ばした。

エステーは「消臭力」の上位ランクに位置づけるシリーズで寝室向けの商品を発売。従来品の8割近く高い価格を想定している。

消費の減退が浮き彫りになる一方で原材料価格の見通しは不透明感を増している。食品・日用品各社のうち、仕入れ価格上昇が「24年7月以降も続く」と回答した企業は32％と、前回調査での「24年4月以降」を13ポイント下回った。一方で大きく増えたのが「わからない」の59％で、前回から18ポイント増加した。

J-オイルミルズの佐藤達也社長は「正直この先の原料価格の見通しを正確に読むことは私たちのみならずなかなかできないのではないか」と打ち明ける。不透明感が増す原材料価格も、企業の値上げへの考え方に影響を及ぼしている。

ただ、ここ2年で進んできた値上げは着実に浸透している。主力商品・ブランドのコスト上昇分を「多少なりとも価格転嫁できている」と回答した企業は9割を超え引き続き高水準だった。実勢価格について「想定通り上昇し、その価格が維持している」と回答した企業は56％で前回調査を8ポイント上回った。

茨城県在住の40代の主婦は「全体的に物価は上がってきている。高い金額に慣れてきてしまうのかなとも思う」と話す。メーカーと消費者心理の難しい駆け引きは続く。　　　　　　　　　　　　（2023年12月2日　日本経済新聞）

マルコメなど、日本大豆ミート協会設立　市場拡大目指す

味噌製造大手のマルコメなど5社は24日、東京都内で「日本大豆ミート協会」の設立記者会見を開いた。大豆を原料に味や食感を肉に近づけた食品の普及を担う。2022年に制定された大豆ミートの日本農林規格（JAS）の見直しなど、業界のルール作りも進める。

同協会は9月1日設立で、マルコメのほか大豆ミート食品を販売するスターゼン、伊藤ハム米久ホールディングス、日本ハム、大塚食品が加盟する。会長はマルコメの青木時男社長、副会長はスターゼンの横田和彦社長が務める。

5社は大豆ミートのJAS規格制定で中心的な役割を担った。JAS規格は5年ごとに見直ししており、27年に向けて内容を精査する。事務局は「今後は多

くの企業の加盟を募りたい」としている。

健康志向の高まりや、人口増加にともなう世界的なたんぱく質不足への懸念から、植物由来の「プラントベースフード」への関心は世界的に高まっている。畜肉に比べて生産過程での環境負荷が低い大豆ミートは新たなたんぱく源として注目される。

日本能率協会の調査によると、19年度に15億円だった大豆ミートの国内市場規模は25年度には40億円になる見通しだ。それでも海外に比べればプラントベースフードの認知度は低い。青木時男会長は「加盟企業が一体となって商品の普及や市場拡大を図り、業界全体の発展を目指す」と話した。

（2023年10月24日　日本経済新聞）

農林水産品の輸出額最高　23年上半期7144億円

農林水産省は4日、2023年上半期（1~6月）の農林水産物・食品の輸出額が前年同期比9.6％増の7144億円となり、過去最高を更新したと発表した。上半期として7000億円を超えるのは初めてだ。

新型コロナウイルスの感染拡大に伴う行動制限の解除に加え、足元の円安で中国や台湾などアジアを中心に輸出額が伸びた。

内訳では農産物が4326億円、水産物が2057億円、林産物が307億円だった。1品目20万円以下の少額貨物は454億円だった。

品目別では清涼飲料水が前年同期比24％増の272億円となった。東南アジアを中心に単価の高い日本産の美容ドリンクなどの需要が高まったとみられる。

真珠は129％増の223億円だった。香港で4年ぶりに宝石の国際見本市が開催され、日本産真珠の需要が伸びた。漁獲量の減少を受け、サバはエジプトなどアフリカやマレーシア、タイといった東南アジア向けの輸出が減り、49％減の57億円にとどまった。

林産物のうち製材は44％減の30億円だった。米国の住宅ローン金利の高止まりを受けて住宅市場が低迷し、需要が減った。

輸出先の国・地域別でみると中国が1394億円で最も多く、香港の1154億円が続いた。台湾や韓国などアジア地域は前年同期比で相次いで10％以上増加した。物価高が続く米国では日本酒といった高付加価値品が苦戦し、7.9％減の964億円となった。

政府は農産品の輸出額を25年までに2兆円、30年までに5兆円まで拡大する

目標を掲げる。農水省によると、25年の目標達成には毎年12％程度の増加率を満たす必要がある。

22年には改正輸出促進法が施行し、輸出に取り組む「品目団体」を業界ごとに国が認定する制度が始まった。販路開拓や市場調査、海外市場に応じた規格策定などを支援している。

下半期には輸出減速のおそれもある。中国や香港が東京電力福島第１原子力発電所の処理水の海洋放出の方針に反発し、日本からの輸入規制の強化を打ち出しているためだ。日本産の水産物が税関で留め置かれる事例も発生している。

（2023年８月４日　日本経済新聞）

猛暑で消費押し上げ　飲料やアイスなど販売１〜３割増

全国的な猛暑が個人消費を押し上げている。スーパーでは清涼飲料水やアイスなどの販売が前年比で１〜３割ほど伸びている。都内ホテルのプールの利用も堅調だ。値上げの浸透やインバウンド（訪日外国人客）の回復で景況感が改善している消費関連企業にとって、猛暑はさらなる追い風となっている。

気象庁は１日、７月の平均気温が平年を示す基準値（1991〜2020年の平均）を1.91度上回り、統計を開始した1898年以降で最も高くなったと発表した。8、9月も気温は全国的に平年よりも高く推移する見通しだ。

首都圏で食品スーパーを運営するいなげやでは、７月１〜26日の炭酸飲料の販売が前年同時期と比較して33％増えた。消費者が自宅での揚げ物調理を控えたため、総菜のコロッケの販売も同31％増と大きく伸びた。

食品スーパーのサミットでは７月のアイスクリームの売上高が前年同月から11％伸びた。コンビニエンスストアのローソンでは７月24〜30日の「冷しうどん」の販売が前年同期比６割増となった。

日用品や家電でも夏物商品の販売が好調だ。伊勢丹新宿本店（東京・新宿）では７月、サングラス（前年同月比69.9％増）や日焼け止めなど紫外線対策ができる化粧品（同63.7％増）の販売が大きく伸長した。ヤマダデンキではエアコンと冷蔵庫の７月の販売が、新型コロナウイルス禍での巣ごもり需要と政府からの特別給付金の支給で家電の買い替えが進んだ20年の７月を上回るペースで伸びているという。

メーカーは増産に動く。キリンビールは主力のビール「一番搾り」の生産を８月に前年同月比１割増やす予定だ。サントリーも８月、ビールの生産を前年同

月比5割増やす。花王は猛暑を受けて涼感を得られる使い捨てタオル「ビオレ
　冷タオル」の生産量を増やしている。

レジャー産業も猛暑の恩恵を受けている。品川プリンスホテル（東京・港）では、
7月のプールの売上高は19年同月比で2.7倍となった。

個人消費の拡大につながるとされる猛暑だが、暑すぎることで販売が鈍る商品
も出てきた。いなげやではチョコパンやジャムパンの販売が7月に前年から半
減した。「猛暑だと甘いお菓子やパンの販売が落ちる」（同社）

菓子大手のロッテもチョコレートの販売が「7月は想定を下回った」という。
一方、明治は夏向け商品として、定番のチョコレート菓子「きのこの山」のチョ
コレート部分がない「チョコぬいじゃった！きのこの山」を7月25日に発売し
た。計画を上回る売れ行きだという。

フマキラーによると、蚊の対策商品の7月24～30日の販売が業界全体で前
年同時期を3%下回った。「25～30度が蚊の活動には適しているとされており、
高温で蚊の活動が鈍っているとみられる」（同社）

第一生命経済研究所の永浜利広首席エコノミストの試算によると、7～9月の
平均気温が1度上昇すると約2900億円の個人消費の押し上げ効果が期待でき
るという。

消費関連企業の景況感を示す「日経消費DI」の7月の業況判断指数（DI）は、
前回調査（4月）を11ポイント上回るプラス9となり1995年の調査開始以来
の最高となった。今夏の猛暑が一段と消費を押し上げる可能性もある。

（2023年8月2日　日本経済新聞）

食品値上げ、大手から中堅企業に波及　店頭価格8.7%上昇

食品や日用品の店頭価格の上昇が続いている。POS（販売時点情報管理）デー
タに基づく日次物価の前年比伸び率は6月28日時点で8.7%となった。昨年
秋以降、業界大手を中心に価格改定に踏み切り、中堅企業などが追いかける「追
随型値上げ」が多くの商品で広がっている。

デフレが長く続く日本では値上げで売り上げが落ち込むリスクが強く意識さ
れ、価格転嫁を避ける傾向があった。ウクライナ危機をきっかけに原材料高を
商品価格に反映する動きが広がり、潮目が変わりつつある。

日経ナウキャスト日次物価指数から分析した。この指数はスーパーなどの
POSデータをもとにナウキャスト（東京・千代田）が毎日算出している。食品

や日用品の最新のインフレ動向をリアルタイムに把握できる特徴がある。

217品目のうち価格が上昇したのは199品目、低下は16品目だった。ロシアによるウクライナ侵攻が始まった2022年2月に価格が上昇していたのは130品目にとどまっていた。全体の前年比伸び率も当時は0.7%だった。

ヨーグルトの値段は22年夏までほぼ横ばいだったが、11月に6%上昇し、今年4月以降はその幅が10%となった。この2回のタイミングでは業界最大手の明治がまず値上げを発表し、森永乳業や雪印メグミルクなどが続いた。

その結果、江崎グリコなどシェアが高くないメーカーも値上げしやすい環境になり、業界に波及した。

冷凍総菜も昨年6月は4%程度の上昇率だったが、11月に9%まで加速し、23年6月は15%まで上がった。味の素冷凍食品が2月に出荷価格を上げたことが影響する。

ナウキャストの中山公汰氏は「値上げが大手だけでなく中堅メーカーに広がっている」と話す。

ナウキャストによると、値上げをしてもPOSでみた売上高は大きく落ちていないメーカーもみられる。インフレが定着しつつあり、値上げによる客離れがそこまで深刻化していない可能性がある。

品目の広がりも鮮明だ。ウクライナ侵攻が始まった直後は食用油が15%、マヨネーズが11%と、資源価格の影響を受けやすい商品が大きく上昇する傾向にあった。

23年6月は28日までの平均で生鮮卵が42%、ベビー食事用品が26%、水産缶詰が21%の上昇になるなど幅広い商品で2ケタの値上げがみられる。

日本は米欧に比べて価格転嫁が遅れ気味だと指摘されてきた。食品価格の上昇率を日米欧で比べると米国は昨年夏に10%強まで加速したが、足元は6%台に鈍化した。ユーロ圏は今年3月に17%台半ばまで高まり、5月は13%台に鈍った。

日本は昨夏が4%台半ば、昨年末は7%、今年5月に8%台半ばと、上げ幅が徐々に高まってきた。直近では瞬間的に米国を上回る伸び率になった。

帝国データバンクが主要食品企業を対象に調査したところ7月は3566品目で値上げが予定されている。昨年10月が7864件と多かったが、その後も幅広く価格改定の表明が続く。

昨年、一時的に10%を超えた企業物価指数は足元で5%台まで伸びが鈍化しており、資源高による川上価格の上昇は一服しつつある。

それでも昨年からの仕入れ価格上昇や足元の人件費増を十分に価格転嫁ができ

ているとは限らず、値上げに踏み切るメーカーは今後も出てくると予想される。日本のインフレも長引く様相が強まっている。

（2023年7月3日　日本経済新聞）

東京都、フードバンク寄付に助成　食品ロス対策を加速

東京都は食品ロスの削減に向けた対策を拡充する。フードバンク団体へ食品を寄付する際の輸送費の助成のほか、消費者向けの普及啓発のコンテンツも作成。商習慣などにより発生する食品ロスを減らし、廃棄ゼロに向けた取り組みを加速する。

2023年度から中小小売店が未利用食品をフードバンク活動団体に寄付する際の輸送費の助成を始める。今年度予算に関連費用1億円を計上した。フードバンクは食品の品質には問題がないが、賞味期限が近いなどの理由で通常の販売が困難な食品を福祉施設や生活困窮者へ無償提供する団体。都は企業などからフードバンクや子ども食堂に寄付する配送費の助成により、寄贈ルートの開拓につなげたい考えだ。

小売業界は鮮度を重視する消費者の需要に対応するため、メーカーが定める賞味期限の3分の1を過ぎるまでに納品する「3分の1ルール」が慣習となっている。メーカーや卸による納品期限を過ぎると賞味期限まで数カ月残っていても商品はメーカーなどに返品され、大半が廃棄されるため食品ロスの一因となっていた。

また、都は店舗における食品の手前取りの啓発事業なども始める。陳列棚の手前にある販売期限が近い商品を優先して購入してもらう。業種ごとに食品の廃棄実態の調査をし、消費者の行動変容を促すための普及啓発のコンテンツも作成する。関連経費として4千万円を予算に計上した。

東京都の食品ロス量は19年度で約44.5万トンと推計されており、00年度の約76万トンから年々減少傾向にある。都は00年度比で30年に食品ロス半減、50年に実質ゼロの目標を掲げており、2月に有識者らからなる会議で賞味期限前食品の廃棄ゼロ行動宣言を採択した。

独自のフードロス対策を進める自治体もある。台東区は4月、都内の自治体として初めて無人販売機「fuubo（フーボ）」を区役所に設置した。パッケージ変更などで市場に流通できなくなった商品を3〜9割引きで購入できる。賞味期限が近づくほど割引率が上がるシステムだ。区民に食品ロス削減の取り組みを

知ってもらい、実際の行動に移してもらう考えだ。

（2023年5月12日　日本経済新聞）

ビール系飲料販売22年2％増　業務用回復、アサヒ首位に

アサヒビールなどビール大手4社の2022年のビール系飲料国内販売数量は前年比2％増の約3億4000万ケースとなり、18年ぶりに前年を上回った。外食需要が回復し、飲食店向けが伸びた。業務用に強いアサヒが3年ぶりにシェア首位となった。新型コロナウイルス禍前の19年比では市場全体で1割減少しており、各社とも23年10月に減税となるビールに力を入れる。

各社が13日までに発表した22年の販売実績などを基に推計した。飲食店向けなど業務用の22年の販売数量は前年比4割増えた。21年に緊急事態宣言下などでの酒類販売の制限で落ち込んだ反動に加えて、外食需要の回復が寄与した。一方、家庭向けは3％減った。コロナ禍から回復し外食需要が戻ったことで「家飲み」の機会が減少した。ジャンル別ではビールが14％増、発泡酒が4％減、第三のビールは7％減だった。

10月には各社が家庭用では14年ぶりとなる値上げを実施した。第三のビールを中心に駆け込み需要が発生した。第三のビールはその反動もあり、減少傾向には歯止めがかからなかった。

家飲みから外食へ消費が移り、家庭用に強いキリンビールがシェアを落とす一方、業務用で高いシェアを持つアサヒは販売を増やした。ビール系飲料全体のシェアはアサヒが36.5％となり、35.7％のキリンを逆転した。

18年ぶりにプラスとなったものの、長期的にみると、市場の縮小傾向は変わらない。キリンビールの堀口英樹社長は22年のビール市場を「コロナで落ち込んだ業務用の回復が大きい」と分析する。その業務用も19年比では4割近く減っている。

23年はビール系飲料全体の販売数量が最大で3〜4％減少する見通し。10月の酒税改正で増税となる第三のビールの落ち込みや、物価の高騰による消費の低迷を見込む。

（2023年1月13日　日本経済新聞）

▶ 労働環境

職種：法人営業　　年齢・性別：30代前半・男性

・明るく前向きで，仕事に対して非常にまじめな方が多いです。
・助け合いの精神が，社風から自然に培われているように感じます。
・上司の事も『さん』付けで呼ぶなど，上層部との距離が近いです。
・ピンチになった時など，先輩方がきちんとフォローしてくれます。

職種：製品開発（食品・化粧品）　　年齢・性別：20代後半・男性

・やる人のモチベーションによって正当な評価をしてくれます。
・新人にこんな重要な仕事を任せるのかと不安になることもあります。
・大きな仕事を乗り越えた後には，自分が成長したことを実感します。
・自分を売り込んでガンガン活躍したい人には良い環境だと思います。

職種：法人営業　　年齢・性別：20代後半・男性

・昇給制度や評価制度は，残念ながら充実しているとは言えません。
・頑張りによって給料が上がるわけではなく，年功序列型のため，特に20代の若いうちは，みんな横並びで物足りないかもしれません。
・今は課長職が飽和状態なので，昇進には時間がかかります。

職種：代理店営業　　年齢・性別：20代前半・男性

・この規模の企業としては，給与は非常に良いと思います。
・年功序列が根強く残っており，確実に基本給与は上がっていきます。
・賞与については上司の評価により変動するので，何とも言えません。
・最近は中途採用も増えてきましたが，差別なく評価してもらえます。

▶ 福利厚生

職種：法人営業　　年齢・性別：20代後半・男性

- 福利厚生はかなり充実していて，さすが大企業という感じです。
- 宿泊ホテルの割引きや，スポーツジムも使えるのでとても便利。
- 残業については，あったりなかったり，支社によってバラバラです。
- 売り上げなどあまり厳しく言われないので気持ちよく働けます。

職種：生産技術・生産管理（食品・化粧品）　　年齢・性別：20代後半・男性

- 留学制度などがあるので，自分のやる気次第で知識を得られます。
- 食品衛生など安全面の知識を学習する機会もきちんとあります。
- 研修制度は整っているのでそれをいかに活用できるかだと思います。
- 意欲を持って取り組めばどんどん成長できる環境にあると思います。

職種：ルートセールス・代理店営業　　年齢・性別：20代後半・男性

- 休暇は比較的取りやすく，有給休暇の消化も奨励されています。
- 住宅補助は手厚く，40代になるまで社宅住まいの人も多くいます。
- 社内応募制度もありますが，どこまで機能しているのかは不明です。
- 出産育児支援も手厚く，復帰してくる女性社員も見かけます。

職種：技術関連職　　年齢・性別：20代前半・男性

- 福利厚生については，上場企業の中でも良い方だと思います。
- 独身寮もあり，社食もあるため生活費はだいぶ安くすみます。
- 結婚や30歳を過ぎると寮を出ることになりますが家賃補助が出ます。
- 残業は1分でも過ぎたらつけてもよく，きちんと支払われます。

▶仕事のやりがい

職種：法人営業　　年齢・性別：30代前半・男性

・自社ブランドの製品に愛着があり，それがやりがいになっています。
　食品という競合他社の多い商品を扱う難しさはありますが。
・消費者にどう商品を届けるかを考えるのは大変ですが楽しいです。
・得意先と共通の目的をもって戦略を練るのも非常に面白く感じます。

職種：法人営業　　年齢・性別：30代前半・男性

・自社製品が好きで自分の興味と仕事が一致しているので面白いです。
・スーパーなど流通小売の本部への営業はとてもやりがいがあります
　が，販売のボリュームも大きく，数字に対しての責任も感じています。
・競合に負けないようモチベーションを保ち，日々活動しています。

職種：技能工（整備・メカニック）　　年齢・性別：20代後半・男性

・若い時から大きな仕事を1人で任されることがあり非常に刺激的。
・大きな仕事をやりきると，その後の会社人生にプラスになります。
・やはり本社勤務が出世の近道のようです。
・シェアをどう伸ばすかを考えるのも大変ですがやりがいがあります。

職種：個人営業　　年齢・性別：20代後半・女性

・仕事の面白みは，手がけた商品を世の中に提供できるという点です。
・商品を手に取るお客さんの姿を見るのは非常に嬉しく思います。
・商品企画に携わることができ，日々やりがいを感じています。
・シェアが業界的に飽和状態なのでより良い商品を目指し奮闘中です。

▶ ブラック？ホワイト？

職種：研究開発　　年齢・性別：40代後半・男性

・最近は課長に昇進する女性が増え，部長になる方も出てきました。
・女性の場合は独身か，子供がいない既婚者は出世をしています。
・育児休暇を取る人はやはり出世は遅れてしまうようです。
・本当に男女平等になっているかどうかは何ともいえません。

職種：営業関連職　　年齢・性別：20代後半・男性

・ワークライフバランスについてはあまり良くありません。
・一応週休2日制としていますが，実際には週に1日休めれば良い方。
・基本的に残業体質のため，日付が変わる時間まで残業する部署も。
・長期の休みは新婚旅行と永年勤続表彰での旅行以外では取れません。

職種：法人営業　　年齢・性別：20代前半・女性

・総合職で大卒の女性社員が非常に少ないです。
・拘束時間の長さ，産休などの制度が不確立なためかと思います。
・業界全体に，未だに男性優位な風潮が見られるのも問題かと。
・社風に関しても時代の変化に対応しようとする動きは見られません。

職種：営業関連職　　年齢・性別：20代後半・男性

・寮費は安く水道光熱費も免除ですが，2～4人部屋です。
・寮にいる限り完全にプライベートな時間というのは難しいです。
・食事に関しては工場内に食堂があるので，とても安く食べられます。
・社員旅行はほぼ強制参加で，旅費は給与天引きの場合もあります。

▶ 女性の働きやすさ

職種：ソフトウェア関連職　　年齢・性別：40代前半・男性

・女性の管理職も多く，役員まで上り詰めた方もいます。
・特に女性だから働きにくい，という社風もないと思います。
・男性と同じように評価もされ，多様な働き方を選ぶことができて，多くの女性にとっては働きやすく魅力的な職場といえると思います。

職種：法人営業　　年齢・性別：20代後半・男性

・社員に非常に優しい会社なので，とても働きやすいです。
・女性には優しく，育休後に復帰しにくいということもありません。
・出産後の時短勤務も可能ですし，男性社員の理解もあります。
・会社として女性管理職を増やす取り組みに力を入れているようです。

職種：研究開発　　年齢・性別：40代前半・男性

・課長くらいまでの昇進なら，男女差はあまりないようです。
・部長以上になると女性は極めて少ないですが，ゼロではありません。
・女性の場合，時短や育児休暇，介護休暇等の制度利用者は多いです。
・育休や介護休暇が昇進にどう影響するかは明確ではありません。

職種：研究・前臨床研究　　年齢・性別：30代前半・男性

・「男性と変わらず管理職を目指せます！」とはいい難い職場です。
・産休などは充実していますが，体育会系の男性の職場という雰囲気。
・管理職でなければ，女性で活躍しておられる方は多くいます。
・もしかすると5年後には状況は変わっているかもしれません。

▶今後の展望

職種：営業　　年齢・性別：20代後半・男性

・今後の事業の流れとしては，海外進出と健康関連事業がカギかと。
・東南アジアでは日本の成功事例を元に売上の拡大が続いています。
・世界各国でのM＆Aの推進による売上規模の拡大も期待できます。
・新市場開拓としては，アフリカや中南米に力を入れていくようです。

職種：営業　　年齢・性別：20代後半・女性

・原材料の高騰など国内事業は厳しさを増しています。
・海外事業の展開も現状芳しくなく，今後の見通しは良くないです。
・新商品やマーケティングではスピードが求められています。
・近年は農業部門に力を入れており，評価の高さが今後の強みかと。

職種：製造　　年齢・性別：20代後半・男性

・国内でパイを争っており，海外での売上が見えません。
・他のメーカーに比べ海外展開が弱く，かなり遅れをとっています。
・国内市場は縮小傾向にあるため，海外展開が弱いのは厳しいかと。
・今後は海外戦略へ向け，社員教育の充実が必要だと思います。

職種：営業　　年齢・性別：20代後半・女性

・家庭用商品には強いですが，外食，中食業界での競争力が弱いです
・今後は，業務用，高齢者や少人数家族向け商品を強化する方針です。
・健康食品分野や通信販売等へも，積極的に取り組むようです。
・アジア市場の開拓を中心とした，海外事業の展開が進んでいます。

食品・飲料業界　国内企業リスト（一部抜粋）

区別	会社名	本社住所
食料品（東証一部）	日本製粉株式会社	東京都渋谷区千駄ヶ谷 5-27-5
	株式会社 日清製粉グループ本社	東京都千代田区神田錦町一丁目 25 番地
	日東富士製粉株式会社	東京都中央区新川一丁目 3 番 17 号
	昭和産業株式会社	東京都千代田区内神田 2 丁目 2 番 1 号 （鎌倉河岸ビル）
	鳥越製粉株式会社	福岡市博多区比恵町 5-1
	協同飼料株式会社	神奈川県横浜市西区高島 2-5-12 横浜 DK ビル
	中部飼料株式会社	愛知県知多市北浜町 14 番地 6
	日本配合飼料株式会社	横浜市神奈川区守屋町 3 丁目 9 番地 13 TVP ビルディング
	東洋精糖株式会社	東京都中央区日本橋小網町 18 番 20 号 洋糖ビル
	日本甜菜製糖株式会社	東京都港区三田三丁目 12 番 14 号
	三井製糖株式会社	東京都中央区日本橋箱崎町 36 番 2 号 （リバーサイド読売ビル）
	森永製菓株式会社	東京都港区芝 5-33-1
	株式会社中村屋	東京都新宿区新宿三丁目 26 番 13 号
	江崎グリコ株式会社	大阪府大阪市西淀川区歌島 4 丁目 6 番 5 号
	名糖産業株式会社	愛知県名古屋市西区笹塚町二丁目 41 番地
	株式会社不二家	東京都文京区大塚 2-15-6
	山崎製パン株式会社	東京都千代田区岩本町 3-10-1
	第一屋製パン株式会社	東京都小平市小川東町 3 丁目 6 番 1 号
	モロゾフ株式会社	神戸市東灘区向洋町西五丁目 3 番地
	亀田製菓株式会社	新潟県新潟市江南区亀田工業団地 3-1-1
	カルビー株式会社	東京都千代田区丸の内 1-8-3 丸の内トラストタワー本館 22 階

区別	会社名	本社住所
食料品（東証一部）	森永乳業株式会社	東京都港区芝五丁目 33 番 1 号
	六甲バター株式会社	神戸市中央区坂口通一丁目 3 番 13 号
	株式会社ヤクルト本社	東京都港区東新橋 1 丁目 1 番 19 号
	明治ホールディングス株式会社	東京都中央区京橋二丁目 4 番 16 号
	雪印メグミルク株式会社	北海道札幌市東区苗穂町 6 丁目 1 番 1 号
	プリマハム株式会社	東京都品川区東品川 4 丁目 12 番 2 号 品川シーサイドウエストタワー
	日本ハム株式会社	大阪市北区梅田二丁目 4 番 9 号 ブリーゼタワー
	伊藤ハム株式会社	兵庫県西宮市高畑町 4 － 27
	林兼産業株式会社	山口県下関市大和町二丁目 4 番 8 号
	丸大食品株式会社	大阪府高槻市緑町 21 番 3 号
	米久株式会社	静岡県沼津市岡宮寺林 1259 番地
	エスフーズ株式会社	兵庫県西宮市鳴尾浜 1 丁目 22 番 13
	サッポロホールディングス株式会社	東京都渋谷区恵比寿四丁目 20 番 1 号
	アサヒグループホールディングス株式会社	東京都墨田区吾妻橋 1-23-1
	キリンホールディングス株式会社	東京都中野区中野 4-10-2 中野セントラルパークサウス
	宝ホールディングス株式会社	京都市下京区四条通烏丸東入長刀鉾町 20 番地
	オエノンホールディングス株式会社	東京都中央区銀座 6-2-10
	養命酒製造株式会社	東京都渋谷区南平台町 16-25
	コカ・コーラウエスト株式会社	福岡市東区箱崎七丁目 9 番 66 号
	コカ・コーライーストジャパン株式会社	東京都港区芝浦 1 丁目 2 番 3 号 シーバンス S 館

区別	会社名	本社住所
食料品（東証一部）	サントリー食品インターナショナル株式会社	東京都中央区京橋三丁目 1-1 東京スクエアガーデン 9・10 階
	ダイドードリンコ株式会社	大阪市北区中之島二丁目 2 番 7 号
	株式会社伊藤園	東京都渋谷区本町 3 丁目 47 番 10 号
	キーコーヒー株式会社	東京都港区西新橋 2-34-4
	株式会社ユニカフェ	東京都港区新橋六丁目 1 番 11 号
	ジャパンフーズ株式会社	千葉県長生郡長柄町皿木 203 番地 1
	日清オイリオグループ株式会社	東京都中央区新川一丁目 23 番 1 号
	不二製油株式会社	大阪府泉佐野市住吉町 1 番地
	かどや製油株式会社	東京都品川区西五反田 8-2-8
	株式会社 J- オイルミルズ	東京都中央区明石町 8 番 1 号 聖路加タワー 17F ～ 19F
	キッコーマン株式会社	千葉県野田市野田 250
	味の素株式会社	東京都中央区京橋一丁目 15 番 1 号
	キユーピー株式会社	東京都渋谷区渋谷 1-4-13
	ハウス食品グループ本社株式会社	東京都千代田区紀尾井町 6 番 3 号
	カゴメ株式会社	愛知県名古屋市中区錦 3 丁目 14 番 15 号
	焼津水産化学工業株式会社	静岡県焼津市小川新町 5 丁目 8-13
	アリアケジャパン株式会社	東京都渋谷区恵比寿南 3-2-17
	株式会社ニチレイ	東京都中央区築地六丁目 19 番 20 号 ニチレイ東銀座ビル
	東洋水産株式会社	東京都港区港南 2 丁目 13 番 40 号
	日清食品ホールディングス株式会社	東京都新宿区新宿六丁目 28 番 1 号
	株式会社永谷園	東京都港区西新橋 2 丁目 36 番 1 号
	フジッコ株式会社	神戸市中央区港島中町 6 丁目 13 番地 4

区別	会社名	本社住所
食料品（東証一部）	株式会社 ロック・フィールド	神戸市東灘区魚崎浜町 15 番地 2
	日本たばこ産業株式会社	東京都港区虎ノ門 2-2-1
	ケンコーマヨネーズ 株式会社	兵庫県神戸市灘区都通 3 丁目 3 番 16 号
	わらべや日洋株式会社	東京都小平市小川東町 5-7-10
	株式会社なとり	東京都北区王子 5 丁目 5 番 1 号
	ミヨシ油脂株式会社	東京都葛飾区堀切 4-66-1
水産・農林業	株式会社 極洋	東京都港区赤坂三丁目 3 番 5 号
	日本水産株式会社	東京都千代田区大手町 2-6-2（日本ビル 10 階）
	株式会社マルハニチロ ホールディングス	東京都江東区豊洲三丁目 2 番 20 号 豊洲フロント
	株式会社 サカタのタネ	横浜市都筑区仲町台 2-7-1
	ホクト株式会社	長野県長野市南堀 138-1
食料品（東証二部）	東福製粉株式会社	福岡県福岡市中央区那の津 4 丁目 9 番 20 号
	株式会社増田製粉所	神戸市長田区梅ケ香町 1 丁目 1 番 10 号
	日和産業株式会社	神戸市東灘区住吉浜町 19-5
	塩水港精糖株式会社	東京都中央区日本橋堀留町 2 丁目 9 番 6 号 ニュー ESR ビル
	フジ日本精糖株式会社	東京都中央区日本橋茅場町 1-4-9
	日新製糖株式会社	東京都中央区日本橋小網町 14-1 住生日本橋小網町ビル
	株式会社ブルボン	新潟県柏崎市松波 4 丁目 2 番 14 号
	井村屋グループ株式会社	三重県津市高茶屋七丁目 1 番 1 号
	カンロ株式会社	東京都中野区新井 2 丁目 10 番 11 号
	寿スピリッツ株式会社	鳥取県米子市旗ケ崎 2028 番地
	福留ハム株式会社	広島市西区草津港二丁目 6 番 75 号

区別	会社名	本社住所
食料品（東証二部）	ジャパン・フード＆リカー・アライアンス株式会社	香川県小豆郡小豆島町苗羽甲 1850 番地
	北海道コカ・コーラボトリング株式会社	札幌市清田区清田一条一丁目 2 番 1 号
	ボーソー油脂株式会社	東京都中央区日本橋本石町四丁目 5-12
	攝津製油株式会社	大阪府堺市西区築港新町一丁 5 番地 10
	ブルドックソース株式会社	東京都中央区日本橋兜町 11-5
	エスビー食品株式会社	東京都中央区日本橋兜町 18 番 6 号
	ユタカフーズ株式会社	愛知県知多郡武豊町字川脇 34 番地の 1
	株式会社 ダイショー	東京都墨田区亀沢 1 丁目 17-3
	株式会社ピエトロ	福岡市中央区天神 3-4-5
	アヲハタ株式会社	広島県竹原市忠海中町一丁目 1 番 25 号
	はごろもフーズ株式会社	静岡県静岡市清水区島崎町 151
	株式会社セイヒョー	新潟市北区島見町 2434 番地 10
	イートアンド株式会社	東京都港区虎ノ門 4 丁目 3 番 1 号 城山トラストタワー 18 階
	日本食品化工株式会社	東京都千代田区丸の内一丁目 6 番 5 号 丸の内北口ビル 20 階
	石井食品株式会社	千葉県船橋市本町 2-7-17
	シノブフーズ株式会社	大阪市西淀川区竹島 2 丁目 3 番 18 号
	株式会社あじかん	広島市西区商工センター七丁目 3 番 9 号
	旭松食品株式会社	長野県飯田市駄科 1008
	サトウ食品工業株式会社	新潟県新潟市東区宝町 13 番 5 号
	イフジ産業株式会社	福岡県糟屋郡粕屋町大字戸原 200-1
	理研ビタミン株式会社	東京都千代田区三崎町 2-9-18 TDC ビル 11・12 階

第**3**章

就職活動のはじめかた

入りたい会社は決まった。しかし「就職活動とはそもそ
も何をしていいのかわからない」「どんな流れで進むか
わからない」という声は意外と多い。ここでは就職活
動の一般的な流れや内容，対策について解説していく。

▶就職活動のスケジュール

3月	**4月**	**6月**

就職活動スタート

> 2025年卒の就活スケジュールは,経団連と政府を中心に議論され,2024年卒の採用選考スケジュールから概ね変更なしとされている。

エントリー受付・提出

OB・OG訪問

> 企業の説明会には積極的に参加しよう。独自の企業研究だけでは見えてこなかった新たな情報を得る機会であるとともに,モチベーションアップにもつながる。また,説明会に参加した者だけに配布する資料などもある。

合同企業説明会　　**個別企業説明会**

筆記試験・面接試験等始まる（3月〜）

内々定(大手企業)

2月末までにやっておきたいこと

就職活動が本格化する前に,以下のことに取り組んでおこう。
　◎自己分析　◎インターンシップ　◎筆記試験対策
　◎業界研究・企業研究　◎学内就職ガイダンス
自分が本当にやりたいことはなにか,自分の能力を最大限に活かせる会社はどこか。自己分析と企業研究を重ね,それを文章などにして明確にしておき,面接時に最大限に活用できるようにしておこう。

| 月 | 8月 | 10月 |

中小企業採用本格化

内定者の数が採用予定数に満たない企業，1年を通して採用を継続している企業，夏休み以降に採用活動を実施企業（後期採用）は採用活動を継続して行っている。大企業でも後期採用を行っていることもあるので，企業から内定が出ても，納得がいかなければ継続して就職活動を行うこともある。

中小企業の採用が本格化するのは大手企業より少し遅いこの時期から。HPなどで採用情報をつかむとともに，企業研究も怠らないようにしよう。

内々定とは10月1日以前に通知（電話等）されるもの。内定に関しては現在協定があり，10月1日以降に文書等にて通知される。

内々定（中小企業）

内定式（10月～）

どんな人物が求められる？

多くの企業は，常識やコミュニケーション能力があり，社会のできごとに高い関心を持っている人物を求めている。これは「会社の一員として将来の企業発展に寄与してくれるか」という視点に基づく，もっとも普遍的な選考基準だ。もちろん，「自社の志望を真剣に考えているか」「自社の製品，サービスにどれだけの関心を向けているか」という熱意の部分も重要な要素になる。

理論編 就活ロールプレイ！

理論編 STEP 1 　就職活動のスタート

内定までの道のりは，大きく分けると以下のようになる。

自 己 分 析

⬇

企 業 研 究

⬇

エントリーシート・筆記試験・面接

⬇

内 　 定

01 まず自己分析からスタート

就職活動とは，「企業に自分をPRすること」。自分自身の興味，価値観に加えて，強み・能力という要素が加わって，初めて企業側に「自分が働いたら，こういうポイントで貢献できる」と自分自身を売り込むことができるようになる。

■自分の来た道を振り返る

自己分析をするための第一歩は，「振り返ってみる」こと。

小学校，中学校など自分のいた"場"ごとに何をしたか（部活動など），何を学んだか，交友関係はどうだったか，興味のあったこと，覚えている印象的なことを書き出してみよう。

■テストを受けてみる

"自分では気がついていない能力"を客観的に検査してもらうことで，自分に向いている職種が見えてくる。下記の5種類が代表的なものだ。

①職業適性検査　　②知能検査　　③性格検査

④職業興味検査　　⑤創造性検査

■先輩や専門家に相談してみる

　就職活動をするうえでは，"いかに他人に自分のことをわかってもらうか"が重要なポイント。他者の視点で自分を分析してもらうことで，より客観的な視点で自己PRができるようになる。

自己分析の流れ

❏過去の経験を書いてみる

❏現在の自己イメージを明確にする…行動，考え方，好きなものなど。

❏他人から見た自分を明確にする

❏将来の自分を明確にしてみる…どのような生活をおくっていたいか。期待，夢，願望。なりたい自分はどういうものか，掘り下げて考える。→自己分析結果を，志望動機につなげていく。

01 企業の絞り込み

　志望企業の絞り込みについての考え方は大きく分けて2つある。

　第1は，同一業種の中で1次候補，2次候補……と絞り込んでいく方法。

　第2は，業種を1次，2次，3次候補と変えながら，それぞれに2社程度ずつ絞り込んでいく方法。

　第1の方法では，志望する同一業種の中で，一流企業，中堅企業，中小企業，縁故などがある歯止めの会社……というふうに絞り込んでいく。

　第2の方法では，自分が最も望んでいる業種，将来好きになれそうな業種，発展性のある業種，安定性のある業種，現在好況な業種……というふうに区別して，それぞれに適当な会社を絞り込んでいく。

02 情報の収集場所

- ・キャリアセンター
- ・新聞
- ・インターネット
- ・企業情報

『就職四季報』（東洋経済新報社刊），『日経会社情報』（日本経済新聞社刊）などの企業情報。この種の資料は本来"株式市場"についての資料だが，その時期の景気動向を含めた情報を仕入れることができる。

- ・経済雑誌

『ダイヤモンド』（ダイヤモンド社刊）や『東洋経済』（東洋経済新報社刊），『エコノミスト』（毎日新聞出版刊）など。

- ・OB・OG／社会人

①成長力

まず"売上高"。次に資本力の問題や利益率などの比率。いくら資本金があっても，それを上回る膨大な借金を抱えていて，いくら稼いでも利払いに追われまくるようでは，成長できないし，安定できない。

成長力を見るには自己資本率を割り出してみる。自己資本を総資本で割って100を掛けると自己資本率がパーセントで出てくる。自己資本の比率が高いほうが成長力もあり安定度も高い。

利益率は純利益を売上高で割って100を掛ける。利益率が高ければ，企業はどんどん成長するし，社員の待遇も上昇する。利益率が低いということは，仕事がどんなに忙しくても利益にはつながらないということになる。

②技術力

技術力は，短期的な見方と長期的な展望が必要になってくる。研究部門が適切な規模か，大学など企業外の研究部門との連絡があるか，先端技術の分野で開発を続けているかどうかなど。

③経営者と経営形態

会社が将来，どのような発展をするか，または衰退するかは経営者の経営哲学，経営方針によるところが大きい。社長の経歴を知ることも必要。創始者の息子，孫といった親族が社長をしているのか，サラリーマン社長か，官庁などからの天下りかということも大切なチェックポイント。

④社風

社風というのは先輩社員から後輩社員に伝えられ，教えられるもの。社風もいろいろな面から必ずチェックしよう。

⑤安定性

企業が成長しているか，安定しているかということは車の両輪。どちらか片方の回転が遅くなっても企業はバランスを失う。安定し，しかも成長する。これが企業として最も理想とするところ。

⑥待遇

初任給だけを考えてみても，それが手取りなのか，基本給なのか。基本給というのはボーナスから退職金，定期昇給の金額にまで響いてくる。また，待遇というのは給与ばかりではなく，福利厚生施設でも大きな差が出てくる。

■そのほかの会社比較の基準

1. ゆとり度

休暇制度は，企業によって独自のものを設定しているところもある。「長期休暇制度」といったものなどの制定状況と，また実際に取得できているかどうかも調べたい。

2. 独身寮や住宅設備

最近では，社宅は廃止し，住宅手当を多く出すという流れもある。寮や社宅についての福利厚生は調べておく。

3. オフィス環境

会社に根づいた慣習や社員に対する考え方が，意外にオフィスの設備やレイアウトに表れている場合がある。

たとえば，個人の専有スペースの広さや区切り方，パソコンなどOA機器の設置状況，上司と部下の机の配置など，会社によってずいぶん違うもの。玄関ロビーや受付の様子を観察するだけでも，会社ごとのカラーや特徴がどこかに見えてくる。

4. 勤務地

転勤はイヤ，どうしても特定の地域で生活していきたい。そんな声に応えて，最近は流通業などを中心に，勤務地限定の雇用制度を取り入れる企業も増えている。

---

column 初任給では分からない本当の給与

会社の給与水準には「初任給」「平均給与」「平均ボーナス」「モデル給与」など，判断材料となるいくつかのデータがある。これらのデータからその会社の給料の優劣を判断するのは非常に難しい。

たとえば中小企業の中には，初任給が飛び抜けて高い会社がときどきある。しかしその後の昇給率は大きくないのがほとんど。

一方，大手企業の初任給は業種間や企業間の差が小さく，ほとんど横並びと言っていい。そこで，「平均給与」や「平均ボーナス」などで将来の予測をするわけだが，これは一応の目安とはなるが，個人差があるので正確とは言えない。

04 就職ノートの作成

■決定版「就職ノート」はこう作る

　1冊にすべて書き込みたいという人には，ルーズリーフ形式のノートがお勧め。会社研究，スケジュール，時事用語，OB／OG訪問，切り抜きなどの項目を作りインデックスをつける。

　カレンダー，説明会，試験などのスケジュール表を貼り，とくに会社別の説明会，面談，書類提出，試験の日程がひと目で分かる表なども作っておく。そして見開き2ページで1社を載せ，左ページに企業研究，右ページには志望理由，自己PRなどを整理する。

就職ノートの主なチェック項目

❏企業研究…資本金，業務内容，従業員数など基礎的な会社概要から，
　　過去の採用状況，業務報告などのデータ

❏採用試験メモ…日程，条件，提出書類，採用方法，試験の傾向など

❏店舗・営業所見学メモ…流通関係，銀行などの場合は，客として訪問し，
　　商品（値段，使用価値，ユーザーへの配慮），店員（接客態度，商品知識，
　　熱意，親切度），店舗（ショーケース，陳列の工夫，店内の清潔さ）な
　　どの面をチェック

❏OB／OG訪問メモ…OB／OGの名前，連絡先，訪問日時，面談場所，
　　質疑応答のポイント，印象など

❏会社訪問メモ…連絡先，人事担当者名，会社までの交通機関，最寄り
　　駅からの地図，訪問のときに得た情報や印象，訪問にいたるまでの経過
　　も記入

05 「OB／OG訪問」

　「OB／OG訪問」は，実際は採用予備選考開始。まず，OB／OG訪問を希望したら，大学のキャリアセンター，教授などの紹介で，志望企業に勤める先輩の手がかりをつかむ。もちろん直接電話なり手紙で，自分の意向を会社側に伝えてもいい。自分の在籍大学，学部をはっきり言って，「先輩を紹介していただけないでしょうか」と依頼しよう。

> **参考**
>
> ## OB／OG訪問時の質問リスト例
>
> ● **採用について**
> ・成績と面接の比重　　　　　・評価のポイント
> ・採用までのプロセス（日程）・筆記試験の傾向と対策
> ・面接は何回あるか　　　　　・コネの効力はどうか
> ・面接で質問される事項　etc.
>
> ● **仕事について**
> ・内容（入社10年, 20年のOB/OG）・新入社員の仕事
> ・希望職種につけるのか　　　・やりがいはどうか
> ・残業，休日出勤，出張など　・同業他社と比較してどうか　etc.
>
> ● **社風について**
> ・社内のムード　　　　　　　・上司や同僚との関係
> ・仕事のさせ方　etc.
>
> ● **待遇について**
> ・給与について　　　　　　　・福利厚生の状態
> ・昇進のスピード　　　　　　・離職率について　etc.

06 インターンシップ

インターンシップとは，学生向けに企業が用意している「就業体験」プログラム。ここで学生はさまざまな企業の実態をより深く知ることができ，その後の就職活動において自己分析，業界研究，職種選びなどに活かすことができる。また企業側にとっても有能な学生を発掘できるというメリットがあるため，導入する企業は増えている。

インターンシップ参加が採用につながっているケースもあるため，たくさん参加してみよう。

---

column コネを利用するのも 1 つの手段？

コネを活用できるのは，以下のような場合である。

・企業と大学に何らかの「連絡」がある場合

企業の新卒採用の場合，特定校・指定校が決められていることもある。企業側が過去の実績などに基づいて決めており，大学の力が大きくものをいう。

とくに理工系では，指導教授や研究室と企業との連絡が密接な場合が多く，教授の推薦が有利であることは言うまでもない。同じ大学出身の先輩とのコネも，この部類に区分できる。

・志望企業と「関係」ある人と関係がある場合

一般的に言えば，志望企業の取り引き先関係からの紹介というのが一番多い。ただし，年間億単位の実績が必要で，しかも部長・役員以上につながっていなければコネがあるとは言えない。

・志望企業と何らかの「親しい関係」がある場合

志望企業に勤務したりアルバイトをしていたことがあるという場合。インターンシップもここに分類される。職場にも馴染みがあり人間関係もできているので，就職に際してきわめて有利。

・志望会社に関係する人と「縁故」がある場合

縁故を「血縁関係」とした場合，日本企業ではこのコネはかなり有効なところもある。ただし，血縁者が同じ会社にいるというのは不都合なことも多いので，どの企業も慎重。

1. 受付の様子

受付事務がテキパキとしていて，分かりやすいかどうか。社員の態度が親切で誠意が伝わってくるかどうか。

こういった受付の様子からでも，その会社の社員教育の程度や，新入社員採用に対する熱意とか期待を推し測ることができる。

2. 控え室の様子

控え室が2カ所以上あって，国立大学と私立大学の訪問者とが，別々に案内されているようなことはないか。また，面談の順番を意図的に変えているようなことはないか。これはよくある例で，すでに大半は内定しているということを意味する場合が多い。

3. 社内の雰囲気

社員の話し方，その内容を耳にはさむだけでも，社風が伝わってくる。

4. 面談の様子

何時間も待たせたあげくに，きわめて事務的に，しかも投げやりな質問しかしないような採用担当者である場合，この会社は人事が適正に行われていないということだから，一考したほうがよい。

 説明会での質問項目

・質問内容が抽象的でなく，具体性のあるものかどうか。
・質問内容は，現在の社会・経済・政治などの情況を踏まえた，
　大学生らしい高度で専門性のあるものか。
・質問をするのはいいが，「それでは，あなたの意見はどうか」と
　逆に聞かれたとき，自分なりの見解が述べられるものであるか。

　提出する書類は6種類。①～③が大学に申請する書類，④～⑥が自分で書く書類だ。大学に申請する書類は一度に何枚も入手しておこう。

　①「卒業見込証明書」

　②「成績証明書」

　③「健康診断書」

　④「履歴書」

　⑤「エントリーシート」

　⑥「会社説明会アンケート」

■自分で書く書類は「自己PR」

　第1次面接に進めるか否かは「自分で書く書類」の出来にかかっている。「履歴書」と「エントリーシート」は会社説明会に行く前に準備しておくもの。「会社説明会アンケート」は説明会の際に書き，その場で提出する書類だ。

01 履歴書とエントリーシートの違い

　Webエントリーを受け付けている企業に資料請求をすると，資料と一緒に「エントリーシート」が送られてくるので，応募サイトのフォームやメールでエントリーシートを送付する。Webエントリーを行っていない企業には，ハガキやメールで資料請求をする必要があるが，「エントリーシート」は履歴書とは異なり，企業が設定した設問に対して回答するもの。すなわちこれが「1次試験」であり，これにパスをした人だけが会社説明会に呼ばれる。

02 記入の際の注意点

■字はていねいに

字を書くところから，その企業に対する"本気度"は測られている。

■誤字，脱字は厳禁

使用するのは，黒のインク。

■修正液使用は不可

■数字は算用数字

■自分の広告を作るつもりで書く

自分はこういう人間であり，何がしたいかということを簡潔に書く。メリットになることだけで良い。自分に損になるようなことを書く必要はない。

■「やる気」を示す具体的なエピソードを

「私はやる気があります」「私は根気があります」という抽象的な表現だけではNG。それを示すエピソードのようなものを書かなくては意味がない。

Point

自己紹介欄の項目はすべて「自己PR」。自分はこういう人間であることを印象づけ，それがさらに企業への「志望動機」につながっていくような書き方をする。

column　履歴書やエントリーシートは，共通でもいい？

「履歴書」や「エントリーシート」は企業によって書き分ける。業種はもちろん，同じ業界の企業であっても求めている人材が違うからだ。各書類は提出前にコピーを取り，さらに出した企業名を忘れずに書いておくことも大切だ。

履歴書記入のPoint

写真	スナップ写真は不可。 スーツ着用で，胸から上の物を使用する。ポイントは「清潔感」。 氏名・大学名を裏書きしておく。
日付	郵送の場合は投函する日，持参する場合は持参日の日付を記入する。
生年月日	西暦は避ける。元号を省略せずに記入する。
氏名	戸籍上の漢字を使う。印鑑押印欄があれば忘れずに押す。
住所	フリガナ欄がカタカナであればカタカナで，平仮名であれば平仮名で記載する。
学歴	最初の行の中央部に「学□□歴」と2文字程度間隔を空けて，中学校卒業から大学（卒業・卒業見込み）まで記入する。 中途退学の場合は，理由を簡潔に記載する。留年は記入する必要はない。 職歴がなければ，最終学歴の一段下の行の右隅に，「以上」と記載する。
職歴	最終学歴の一段下の行の中央部に「職□□歴」と2文字程度間隔を空け記入する。 「株式会社」や「有限会社」など，所属部門を省略しないで記入する。 「同上」や「〃」で省略しない。 最終職歴の一段下の行の右隅に，「以上」と記載する。
資格・免許	4級以下は記載しない。学習中のものも記載して良い。 「普通自動車第一種運転免許」など，省略せずに記載する。
趣味・特技	具体的に（例：読書でもジャンルや好きな作家を）記入する。
志望理由	その企業の強みや良い所を見つけ出したうえで，「自分の得意な事」がどう活かせるかなどを考えぬいたものを記入する。
自己PR	応募企業の事業内容や職種にリンクするような，自分の経験やスキルなどを記入する。
本人希望欄	面接の連絡方法,希望職種・勤務地などを記入する。「特になし」や空白はNG。
家族構成	最初に世帯主を書き，次に配偶者，それから家族を祖父母，兄弟姉妹の順に。続柄は，本人から見た間柄。兄嫁は，義姉と書く。
健康状態	「良好」が一般的。

01 エントリーシートの目的

・応募者を，決められた採用予定者数に絞り込むこと
・面接時の資料にする
の2つ。

■知りたいのは職務遂行能力

採用担当者が学生を見る場合は，「こいつは与えられた仕事をこなせるかどう
か」という目で見ている。企業に必要とされているのは仕事をする能力なのだ。

> 質問に忠実に，"自分がいかにその会社の求める人材に当てはまるか"を
> 丁寧に答えること。

02 効果的なエントリーシートの書き方

■情報を伝える書き方

課題をよく理解していることを相手に伝えるような気持ちで書く。

■文章力

大切なのは全体のバランスが取れているか。書く前に，何をどれくらいの字
数で収めるか計算しておく。

「起承転結」でいえば，「起」は，文章を起こす導入部分。「承」は，起を受け
て，その提起した問題に対して承認を求める部分。「転」は，自説を展開する
部分。もっともオリジナリティが要求される。「結」は，最後の締めの結論部分。
文章の構成・まとめる力で，総合的な能力が高いことをアピールする。

エントリーシートでよく取り上げられる題材と，その出題意図

エントリーシートで求められるものは，「自己PR」「志望動機」「将来どうなりたいか（目指すこと）」の3つに大別される。

1.「自己PR」

自己分析にしたがって作成していく。重要なのは，「なぜそうしようと思ったか？」「○○をした結果，何が変わったのか？何を得たのか？」という"連続性"が分かるかどうかがポイント。

2.「志望動機」

自己PRと一貫性を保ち，業界志望理由と企業志望理由を差別化して表現するように心がける。志望する業界の強みと弱み，志望企業の強みと弱みの把握は基本。

3.「将来の展望」

どんな社員を目指すのか，仕事へはどう臨もうと思っているか，目標は何か，などが問われる。仕事内容を事前に把握しておくだけでなく，5年後の自分，10年後の自分など，具体的な将来像を描いておくことが大切。

表現力，理解力のチェックポイント

❏ 文法，語法が正しいかどうか
❏ 論旨が論理的で一貫しているかどうか
❏ 1センテンスが簡潔かどうか
❏ 表現が統一されているかどうか（「です，ます」調か「だ，である」調か）

01 個人面接

●自由面接法

面接官と受験者のキャラクターやその場の雰囲気，質問と応答の進行具合などによって雑談形式で自由に進められる。

●標準面接法

自由面接法とは逆に，質問内容や評価の基準などがあらかじめ決まっている。実際には自由面接法と併用で，おおまかな質問事項や判定基準，評価ポイントを決めておき，質疑応答の内容上の制限を緩和しておくスタイルが一般的。1次面接などでは標準面接法をとり，2次以降で自由面接法をとる企業も多い。

●非指示面接法

受験者に自由に発言してもらい，面接官は話題を引き出したりするときなど，最小限の質問をするという方法。

●圧迫面接法

わざと受験者の精神状態を緊張させ，受験者がどのような応答をするかを観察し，判定する。受験者は，冷静に対応することが肝心。

02 集団面接

面接の方法は個人面接と大差ないが，面接官がひとつの質問をして，受験者が順にそれに答えるという方法と，面接官が司会役になって，座談会のような形式で進める方法とがある。

座談会のようなスタイルでの面接は，なるべく受験者全員が関心をもっているような話題を取りあげ，意見を述べさせるという方法。この際，司会役以外の面接官は一言も発言せず，判定・評価に専念する。

03 グループディスカッション

グループディスカッション（以下，GD）の時間は30〜60分程度，1グループの人数は5〜10人程度で，司会は面接官が行う場合や，時間を決めて学生が交替で行うことが多い。面接官は内容については特に指示することはなく，受験者がどのようにGDを進めるかを観察する。

評価のポイントは，全体的には理解力，表現力，指導性，積極性，協調性など，個別的には性格，知識，適性などが観察される。

GDの特色は，集団の中での個人ということで，受験者の能力がどの程度のものであるか，また，どのようなことに向いているかを判定できること。受験者は，グループの中における自分の位置を面接官に印象づけることが大切だ。

グループディスカッション方式の面接におけるチェックポイント

❑全体の中で適切な論点を提供できているかどうか。
❑問題解決に役立つ知識を持っているか，また提供できているかどうか。
❑もつれた議論を解きほぐし，的はずれの議論を元に引き戻す努力をしているかどうか。
❑グループ全体としての目標をいつも考えているかどうか。
❑感情的な対立や攻撃をしかけているようなことはないか。
❑他人の意見に耳を傾け，よい意見には賛意を表し，それを全体に推し広げようという寛大さがあるかどうか。
❑議論の流れを自然にリードするような主導性を持っているかどうか。
❑提出した意見が議論の進行に大きな影響を与えているかどうか。

04 面接時の注意点

●控え室

控え室には，指定された時間の15分前には入室しよう。そこで担当の係から，面接に際しての注意点や手順の説明が行われるので，疑問点は積極的に聞くようにし，心おきなく面接にのぞめるようにしておこう。会社によっては，所定のカードに必要事項を書き込ませたり，お互いに自己紹介をさせたりする場合もある。また，この控え室での行動も細かくチェックして，合否の資料にしている会社もある。

●入室・面接開始

　係員がドアの開閉をしてくれる場合もあるが，それ以外は軽くノックして入室し，必ずドアを閉める。そして入口近くで軽く一礼し，面接官か補助員の「どうぞ」という指示で正面の席に進み，ここで再び一礼をする。そして，学校名と氏名を名のって静かに着席する。着席時は，軽く椅子にかけるようにする。

●面接終了と退室

　面接の終了が告げられたら，椅子から立ち上がって一礼し，椅子をもとに戻して，面接官または係員の指示を受けて退室する。

　その際も，ドアの前で面接官のほうを向いて頭を下げ，静かにドアを開閉する。控え室に戻ったら，係員の指示を受けて退社する。

05 面接試験の評定基準

●協調性

　企業という「集団」では，他人との協調性が特に重視される。

　感情や態度が円満で調和がとれていること，極端に好悪の情が激しくなく，物事の見方や考え方が穏健で中立であることなど，職場での人間関係を円滑に進めていくことのできる人物かどうかが評価される。

●話し方

　外観印象的には，言語の明瞭さや応答の態度そのものがチェックされる。小さな声で自信のない発言，乱暴野卑な発言は減点になる。

　考えをまとめたら，言葉を選んで話すくらいの余裕をもって，真剣に応答しようとする姿勢が重視される。軽率な応答をしたり，まして発言に矛盾を指摘されるような事態は極力避け，もしそのような状況になりそうなときは，自分の非を認めてはっきりと謝るような態度を示すべき。

●好感度

　実社会においては，外観による第一印象が，人間関係や取引に大きく影響を及ぼす。

　「フレッシュな爽やかさ」に加え，入社志望など，自分の意思や希望をより明確にすることで，強い信念に裏づけられた姿勢をアピールできるよう努力したい。

●判断力

何を質問されているのか，何を答えようとしているのか，常に冷静に判断していく必要がある。

●表現力

話に筋道が通り理路整然としているか，言いたいことが簡潔に言えるか，話し方に抑揚があり聞く者に感銘を与えるか，用語が適切でボキャブラリーが豊富かどうか。

●積極性

活動意欲があり，研究心旺盛であること，進んで物事に取り組み，創造的に解決しようとする意欲が感じられること，話し方にファイトや情熱が感じられること，など。

●計画性

見通しをもって順序よく合理的に仕事をする性格かどうか，またその能力の有無。企業の将来性のなかに，自分の将来をどうかみ合わせていこうとしているか，現在の自分を出発点として，何を考え，どんな仕事をしたいのか。

●安定性

情緒の安定は，社会生活に欠くことのできない要素。自分自身をよく知っているか，他の人に流されない信念をもっているか。

●誠実性

自分に対して忠実であろうとしているか，物事に対してどれだけ誠実な考え方をしているか。

●社会性

企業は集団活動なので，自分の考えに固執したり，不平不満が多い性格は向かない。柔軟で適応性があるかどうか。

清潔感や明朗さ，若々しさといった外観面も重視される。

06 面接試験の質問内容

1. 志望動機

受験先の概要や事業内容はしっかりと頭の中に入れておく。また，その企業の企業活動の社会的意義と，自分自身の志望動機との関連を明確にしておく。「安定している」「知名度がある」「将来性がある」といった利己的な動機，「自

分の性格に合っている」というような，あいまいな動機では説得力がない。安定性や将来性は，具体的にどのような企業努力によって支えられているのかという考察も必要だし，それに対する受験者自身の評価や共感なども問われる。

①どうしてその業種なのか

②どうしてその企業なのか

③どうしてその職種なのか

以上の①〜③と，自分の性格や資質，専門などとの関連性を説明できるようにしておく。

自分がどうしてその会社を選んだのか，どこに大きな魅力を感じたのかを，できるだけ具体的に，情熱をもって語ることが重要。自分の長所と仕事の適性を結びつけてアピールし，仕事のやりがいや仕事に対する興味を述べるのもよい。

■複数の企業を受験していることは言ってもいい？

同じ職種，同じ業種で何社かかけもちしている場合，正直に答えてもかまわない。しかし，「第一志望はどこですか」というような質問に対して，正直に答えるべきかどうかというと，やはりこれは疑問がある。どんな会社でも，他社を第一志望にあげられれば，やはり愉快には思わない。

また，職種や業種の異なる会社をいくつか受験する場合も同様で，極端に性格の違う会社をあげれば，その矛盾を突かれるのは必至だ。

2. 仕事に対する意識・職業観

採用試験の段階では，次年度の配属予定が具体的に固まっていない会社もかなりある。具体的に職種や部署などを細分化して募集している場合は別だが，そうでない場合は，希望職種をあまり狭く限定しないほうが賢明。どの業界においても，採用後，新入社員には，研修としてその会社の各セクションをひと通り経験させる企業は珍しくない。そのうえで，具体的な配属計画を検討するのだ。

大切なことは，就職や職業というものを，自分自身の生き方の中にどう位置づけるか，また，自分の生活の中で仕事とはどういう役割を果たすのかを考えてみること。つまり自分の能力を活かしたい，社会に貢献したい，自分の存在価値を社会的に実現してみたい，ある分野で何か自分の力を試してみたい……，などの場合を考え，それを自分自身の人生観，志望職種や業種などとの関係を考えて組み立ててみる。自分の人生観をもとに，それを自分の言葉で表現できるようにすることが大切。

3. 自己紹介・自己PR

性格そのものを簡単に変えたり，欠点を克服したりすることは実際には難しいが，"仕方がない"という姿勢を見せることは禁物で，どんなささいなことでも，努力している面をアピールする。また一般的にいって，専門職を除けば，就職時になんらかの資格や技能を要求する企業は少ない。

　ただ，資格をもっていれば採用に有利とは限らないが，専門性を要する業種では考慮の対象とされるものもある。たとえば英検，簿記など。

　企業が学生に要求しているのは，4年間の勉学を重ねた学生が，どのように仕事に有用であるかということで，学生の知識や学問そのものを聞くのが目的ではない。あくまで，社会人予備軍としての謙虚さと素直さを失わないようにする。

　知識や学力よりも，その人の人間性，ビジネスマンとしての可能性を重視するからこそ，面接担当者は，学生生活全般について尋ねることで，書類だけでは分からない人間性を探ろうとする。

　何かうち込んだものや思い出に残る経験などは，その人の人間的な成長になんらかの作用を及ぼしているものだ。どんな経験であっても，そこから受けた印象や教訓などは，明確に答えられるようにしておきたい。

4. 一般常識・時事問題

　一般常識・時事問題については筆記試験の分野に属するが，面接でこうしたテーマがもち出されることも珍しくない。受験者がどれだけ社会問題に関心をもっているか，一般常識をもっているか，また物事の見方・考え方に偏りがないかなどを判定する。知識や教養だけではなく，一問一答の応答を通じて，その人の性格や適応能力まで判断されることになる。

07 面接に向けての事前準備

■面接試験1カ月前までには万全の準備をととのえる

●志望会社・職種の研究

　新聞の経済欄や経済雑誌などのほか，会社年鑑，株式情報など書物による研究をしたり，インターネットにあがっている企業情報や，検索によりさまざまな角度から調べる。すでにその会社へ就職している先輩や知人に会って知識を得たり，大学のキャリアセンターへ情報を求めるなどして総合的に判断する。

■専攻科目の知識・卒論のテーマなどの整理

大学時代にどれだけ勉強してきたか，専攻科目や卒論のテーマなどを整理しておく。

■時事問題に対する準備

毎日欠かさず新聞を読む。志望する企業の話題は，就職ノートに整理するなどもアリ。

面接当日の必需品

- ❏必要書類（履歴書，卒業見込証明書，成績証明書，健康診断書，推薦状）
- ❏学生証
- ❏就職ノート（志望企業ファイル）
- ❏印鑑，朱肉
- ❏筆記用具（万年筆，ボールペン，サインペン，シャープペンなど）
- ❏手帳，ノート
- ❏地図（訪問先までの交通機関などをチェックしておく）
- ❏現金（小銭も用意しておく）
- ❏腕時計（オーソドックスなデザインのもの）
- ❏ハンカチ，ティッシュペーパー
- ❏くし，鏡（女性は化粧品セット）
- ❏シューズクリーナー
- ❏ストッキング
- ❏折りたたみ傘（天気予報をチェックしておく）
- ❏携帯電話，充電器

理論編
STEP6 筆記試験の種類

■一般常識試験

社会人として企業活動を行ううえで最低限必要となる一般常識のほか，
英語，国語，社会(時事問題)，数学などの知識の程度を確認するもの。

　難易度はおおむね中学・高校の教科書レベル。一般常識の問題集を１冊やっておけばよいが，業界によっては専門分野が出題されることもあるため，必ず志望する企業のこれまでの試験内容は調べておく。

■一般常識試験の対策

・英語　慣れておくためにも，教科書を復習する，英字新聞を読むなど。

・国語　漢字，四字熟語，反対語，同音異義語，ことわざをチェック。

・時事問題　新聞や雑誌,テレビ,ネットニュースなどアンテナを張っておく。

■適性検査

　SPI（Synthetic Personality Inventory）試験（SPI3試験）とも呼ばれ，能力テストと性格テストを合わせたもの。

　能力テストでは国語能力を測る「言語問題」と,数学能力を測る「非言語問題」がある。言語的能力，知覚能力，数的能力のほか，思考・推理能力，記憶力，注意力などの問題で構成されている。

　性格テストは「はい」か「いいえ」で答えていく。仕事上の適性と性格の傾向などが一致しているかどうかをみる。

SPIは職務への適応性を客観的にみるためのもの。

01 「論文」と「作文」

　一般に「論文」はあるテーマについて自分の意見を述べ，その論証をする文章で，必ず意見の主張とその論証という2つの部分で構成される。問題提起と論旨の展開，そして結論を書く。

　「作文」は，一般的には感想文に近いテーマ，たとえば「私の興味」「将来の夢」といったものがある。

　就職試験では「論文」と「作文」を合わせた"論作文"とでもいうようなものが出題されることが多い。

　論作文試験とは，「文章による面接」。テーマに書き手がどういう態度を持っているかを知ることが，出題の主な目的だ。受験者の知識・教養・人生観・社会観・職業観，そして将来への希望などが，どのような思考を経て，どう表現されているかによって，企業にとって，必要な人物かどうかを判断している。

　論作文の場合には，書き手の社会的意識や考え方に加え，「感銘を与える」働きが要求される。就職活動とは，企業に対し「自分をアピールすること」だということを常に念頭に置いておきたい。

Point

論文と作文の違い

	論　文	作　文
テーマ	学術的・社会的・国際的なテーマ。時事，経済問題など	個人的・主観的なテーマ。人生観，職業観など
表現	自分の意見や主張を明確に述べる。	自分の感想を述べる。
展開	四段型（起承転結）の展開が多い。	三段型（はじめに・本文・結び）の展開が多い。
文体	「だ調・である調」のスタイルが多い。	「です調・ます調」のスタイルが多い。

02 採点のポイント

・テーマ

与えられた課題（テーマ）を，受験者はどのように理解しているか。

出題されたテーマの意義をよく考え，それに対する自分の意見や感情が，十分に整理されているかどうか。

・表現力

課題について本人が感じたり，考えたりしたことを，文章で的確に表しているか。

・字・用語・その他

かなづかいや送りがなが合っているか，文中で引用されている格言やことわざの類が使用法を間違えていないか，さらに誤字・脱字に至るまで，文章の基本的な力が受験者の人柄ともからんで厳密に判定される。

・オリジナリティ

魅力がある文章とは，オリジナリティを率直に出すこと。自分の感情や意見を，自分の言葉で表現する。

・生活態度

文章は，書き手の人格や人柄を映し出す。平素の社会的関心や他人との協調性，趣味や読書傾向はどうであるかといった，受験者の日常における生き方，生活態度がみられる。

・字の上手・下手

できるだけ読みやすい字を書く努力をする。また，制限字数より文章が長くなって原稿用紙の上下や左右の空欄に書き足したりすることは避ける。消しゴムで消す場合にも，丁寧に。

いずれの場合でも，表面的な文章力を問うているのではなく，受験者の人柄のほうを重視している。

実践編 マナーチェックリスト

就活において企業の人事担当は，面接試験やOG／OB訪問，そして面接試験において，あなたのマナーや言葉遣いといった，「常識力」をチェックしている。現在の自分はどのくらい「常識力」が身についているかをチェックリストで振りかえり，何ができて，何ができていないかを明確にしたうえで，今後の取り組みに生かしていこう。

評価基準 5：大変良い　4：やや良い　3：どちらともいえない　2：やや悪い　1：悪い

	項　目	評　価	メ　モ
挨拶	明るい笑顔と声で挨拶をしているか		
	相手を見て挨拶をしているか		
	相手より先に挨拶をしているか		
	お辞儀を伴った挨拶をしているか		
	直接の応対者でなくても挨拶をしているか		
表情	笑顔で応対しているか		
	表情に私的感情がでていないか		
	話しかけやすい表情をしているか		
	相手の話は真剣な顔で聞いているか		
身だしなみ	前髪は目にかかっていないか		
	髪型は乱れていないか／長い髪はまとめているか		
	髭の剃り残しはないか／化粧は健康的か		
	服は汚れていないか／清潔に手入れされているか		
	機能的で職業・立場に相応しい服装をしているか		
	華美なアクセサリーはつけていないか		
	爪は伸びていないか		
	靴下の色は適当か／ストッキングの色は自然な肌色か		
	靴の手入れは行き届いているか		
	ポケットに物を詰めすぎていないか		

項 目		評 価	メ モ
言葉遣い	専門用語を使わず，相手にわかる言葉で話しているか		
	状況や相手に相応しい敬語を正しく使っているか		
	相手の聞き取りやすい音量・速度で話しているか		
	語尾まで丁寧に話しているか		
	気になる言葉癖はないか		
動作	物の授受は両手で丁寧に実施しているか		
	案内・指し示し動作は適切か		
	キビキビとした動作を心がけているか		
心構え	勤務時間・指定時間の5分前には準備が完了しているか		
	心身ともに健康管理をしているか		
	仕事とプライベートの切替えができているか		

☑ 常に自己点検をするクセをつけよう

「人を表情やしぐさ，身だしなみなどの見かけで判断してはいけない」と一般にいわれている。確かに，人の個性は見かけだけではなく，内面においても見いだされるもの。しかし，私たちは人を第一印象である程度決めてしまう傾向がある。それが面接試験など初対面の場合であればなおさらだ。したがって，チェックリストにあるような挨拶，表情，身だしなみ等に注意して面接試験に臨むことはとても重要だ。ただ，これらは面接試験前にちょっと対策したからといって身につくようなものではない。付け焼き刃的な対策をして面接試験に臨んでも，面接官はあっという間に見抜いてしまう。日頃からチェックリストにあるような項目を意識しながら行動することが大事であり，そうすることで，最初はぎこちない挨拶や表情等も，その人の個性に応じたすばらしい所作へ変わっていくことができるのだ。さっそく，本日から実行してみよう。

面接試験において，印象を決定づける表情はとても大事。
どのようにすれば感じのいい表情ができるのか，ポイントを確認していこう。

明るく,温和で 柔らかな表情をつくろう

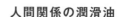

人間関係の潤滑油

表情に関しては，まずは豊かである
ということがベースになってくる。う
れしい表情，困った表情，驚いた表
情など，さまざまな気持ちを表現で
きるということが，人間関係を潤いの
あるものにしていく。

Point

　表情はコミュニケーションの大前提。相手に「いつでも話しかけてくださ
いね」という無言の言葉を発しているのが，就活に求められる表情だ。面接
官が安心してコミュニケーションをとろうと思ってくれる表情。それが，明
るく，温和で柔らかな表情となる。

いますぐデキる
カンタンTraining

Training 01

喜怒哀楽を表してみよう

・人との出会いを楽しいと思うことが表情の基本
・表情を豊かにする大前提は相手の気持ちに寄り添うこと
・目元・口元だけでなく，眉の動きを意識することが大事

Training 02

表情筋のストレッチをしよう

・表情筋は「ウイスキー」の発音によって鍛える
・意識して毎日，取り組んでみよう
・笑顔の共有によって相手との距離が縮まっていく

コミュニケーションは挨拶から始まり，その挨拶ひとつで印象は変わるもの。
ポイントを確認していこう。

丁寧にしっかりと
はっきり挨拶をしよう

人間関係の第一歩

挨拶は心を開いて，相手に近づくコ
ミュニケーションの第一歩。たかが
挨拶，されど挨拶の重要性をわきま
えて，きちんとした挨拶をしよう。形，
つまり"技"も大事だが，心をこめ
ることが最も重要だ。

Point

　挨拶はコミュニケーションの第一歩。相手が挨拶するのを待っているの
は望ましくない。挨拶の際のポイントは丁寧であることと，はっきり声に出
すことの2つ。丁寧な挨拶は，相手を大事にして迎えている気持ちの表れ
となる。はっきり声に出すことで，これもきちんと相手を迎えていることが
伝わる。また，相手もその応答として挨拶してくれることで，会ってすぐに
双方向のコミュニケーションが成立する。

いますぐデキる
カンタンTraining

Training 01

３つのお辞儀をマスターしよう

① 会釈（15度）　　　② 敬礼（30度）　　　③ 最敬礼（45度）

・息を吸うことを意識してお辞儀をするとキレイな姿勢に
・目線は真下ではなく，床前方1.5m先ぐらいを見よう
・相手への敬意を忘れずに

Training 02

対面時は言葉が先，お辞儀が後

・相手に体を向けて先に自ら挨拶をする
・挨拶時，相手とアイコンタクトを
　しっかり取ろう
・挨拶の後に，お辞儀をする。
　これを「語先後礼」という

コミュニケーションは「話す」よりも「聞く」ことといわれる。相手が話しやすい聞き方の，ポイントを確認しよう。

受容の立場で
傾聴しよう

相手の話を受けとめる

話を聞くときは，やや前に傾く姿勢をとる。表情と姿勢が合わさることにより，話し手の心が開き「あれも，これも話そう」という気持ちになっていく。また，「はい」と一度のお辞儀で頷くと相手の話を受け止めているというメッセージにつながる。

Point

　話をすること，話を聞いてもらうことは誰にとってもプレッシャーを伴うもの。そのため，「何でも話して良いんですよ」「何でも話を聞きますよ」「心配しなくて良いんですよ」という気持ちで聞くことが大切になる。その気持ちが聞く姿勢に表れれば，相手は安心して話してくれる。

いますぐデキる

カンタン**Training**

Training **01**

頷きは一度で

- ・相手が話した後に「はい」と
  一言発する
- ・頷きすぎは逆効果

Training **02**

目線は自然に

- ・鼻の付け根あたりを見ると
  自然な印象に
- ・目を見つめすぎるのはNG

Training **03**

話の句読点で視線を移す

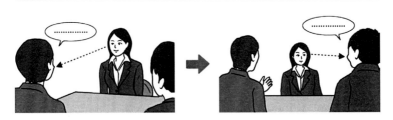

- ・視線は話している人を見ることが基本
- ・複数の人の話を聞くときは句読点を意識し,
  視線を振り分けることで聞く姿勢を表す

　伝わる話し方

自分の意思を相手に明確に伝えるためには，話し方が重要となる。はっきりと
的確に話すためのポイントを確認しよう。

明るい発声を
心がけよう

ボリュームを意識して

話すときのポイントとしては，ボリュームを意識する
ことが挙げられる。会議室の一番奥にいる人に声が
届くように意識することで，声のボリュームはコント
ロールされていく。

Point

　コミュニケーションとは「伝達」すること。どのようなことも，適当に伝
えるのではなく，伝えるべきことがきちんと相手に届くことが大切になる。
そのためには，はっきりと，分かりやすく，丁寧に，心を込めて話すこと。
言葉だけでなく，表情やジェスチャーを加えることも有効。

いますぐデキる
カンタンTraining

Training 01
腹式呼吸で発声練習

- ・「あえいうえおあお」と発声する
- ・腹式呼吸は，胸部をなるべく動かさずに，息を吸うときにお腹や腰が膨らむよう意識する呼吸法

Training 02
早口言葉にチャレンジ

- ・「おあやや，母親に，お謝り」と早口で
- ・口がすぼまった「お」と口が開いた「あ」の発音に，変化をつけられるかがポイント

Training 03
ジェスチャーを有効活用

- ・腰より上でジェスチャーをする
- ・体から離した位置に手をもっていく
- ・ジェスチャーをしたら戻すところをさだめておく

身だしなみはその人自身を表すもの。身だしなみの基本について，ポイントを
確認しよう。

清潔感,さわやかさを
醸し出せるようにしよう

プロの企業人に
ふさわしい身だしなみを

信頼感，安心感をもたれる身だしな
みを考えよう。TPOに合わせた服装は,
すなわち"礼"を表している。そして,
身だしなみには,「清潔感」,「品のよさ」,
「控え目である」という，3つのポイ
ントがある。

Point

相手との心理的な距離や物理的な距離が遠ければ，コミュニケーションは
成立しにくくなる。見た目が不潔では誰も近付いてこない。身だしなみが
清潔であること，爽やかであることは相手との距離を縮めることにも繋がる。

いますぐデキる
カンタンTraining

Training **01**

髪型，服装を整えよう

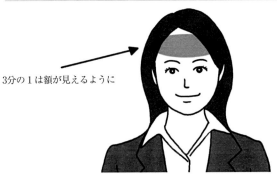

3分の1は額が見えるように

・男性も女性も眉が見える髪型が望ましい。3分の1は額が見えるように。額は知性と清潔感を伝える場所。男性の髪の長さは耳や襟にかからないように

・スーツで相手の前に立つときは，ボタンはすべて留める。男性の場合は下のボタンは外す

Training **02**

おしゃれとの違いを明確に

・爪はできるだけ切りそろえる
・爪の中の汚れにも注意
・ジェルネイル，ネイルアートはNG

Training **03**

足元にも気を配って

・女性の場合はパンプス，男性の場合は黒の紐靴が望ましい
・靴はこまめに汚れを落とし見栄えよく

姿勢にはその人の意欲が反映される。前向き，活動的な姿勢を表すにはどうしたらよいか，ポイントを確認しよう。

前向き,活動的な 姿勢を維持しよう

一直線と左右対称

正しい立ち姿として，耳，肩，腰，くるぶしを結んだ線が一直線に並んでいることが最大のポイントになる。そのラインが直線に近づくほど立ち姿がキレイに整っていることになる。また，"左右対称"というのもキレイな姿勢の要素のひとつになる。

Point

　姿勢は，身体と心の状態を反映するもの。そのため，良い姿勢でいることは，印象が清々しいだけでなく，健康で元気そうに見え，話しかけやすさにも繋がる。歩く姿勢，立つ姿勢，座る姿勢など，どの場面にも心身の健康状態が表れるもの。日頃から心身の健康状態に気を配り，フィジカルとメンタル両面の自己管理を心がけよう。

カンタンTraining

Training 01

キレイな歩き方を心がけよう

- ・女性は1本の線上を，男性はそれよりも太い線上を沿うように歩く
- ・一歩踏み出したときに前の足に体重を乗せるように，腰から動く
- ・12時の方向につま先をもっていく

Training 02

前向きな気持ちを持とう

- ・常に前向きな気持ちが姿勢を正す
- ・ポジティブ思考を心がけよう

言葉遣いの正しさはとは，場面にあった言葉を遣うということ。相手を気づかいながら，言葉を選ぶことで，より正しい言葉に近づいていく。

相手と場面に合わせた ふさわしい言葉遣いを

次の文は接客の場面でよくある間違えやすい敬語です。
それぞれの言い方は○×どちらでしょうか。

問1 「資料をご拝読いただきありがとうございます」

問2 「こちらのパンフレットはもういただかれましたか？」

問3 「恐れ入りますが，こちらの用紙にご記入してください」

問4 「申し訳ございませんが，来週，休ませていただきます」

問5 「先ほどの件，帰りましたら上司にご報告いたしますので」

Point

　ビジネスのシーンに敬語は欠くことができない。何度もやり取りをしていく中で，親しさの度合いによっては，あえてくだけた表現を用いることもあるが，「親しき仲にも礼儀あり」と言われるように，敬意や心づかいをおろそかにしてはいけないもの。相手に誤解されたり，相手の気分を壊すことのないように，相手や場面にふさわしい言葉遣いが大切になる。

解答と解説

問1 （×） ○正しい言い換え例

→「ご覧いただきありがとうございます」など

「拝読」は自分が「読む」意味の謙譲語なので，相手の行為に使うのは誤り。読むと見るは同義なため，多く，見るの尊敬語「ご覧になる」が用いられる。

問2 （×） ○正しい言い換え例

→「お持ちですか」「お渡ししましたでしょうか」 など

「いただく」は，食べる・飲む・もらうの謙譲語。「もらったかどうか」と聞きたいのだから，「おもらいになりましたか」と言えないこともないが，持っているかどうか，受け取ったかどうかという意味で「お持ちですか」などが使われることが多い。また，自分側が渡すような場合は，「お渡しする」を使って「お渡ししましたでしょうか」などの言い方に換えることもできる。

問3 （×） ○正しい言い換え例

→「恐れ入りますが，こちらの用紙にご記入ください」など

「ご記入する」の「お（ご）〜する」は謙譲語の形。相手の行為を謙譲語で表すことになるため誤り。「して」を取り除いて「ご記入ください」か，和語に言い換えて「お書きください」とする。ほかにも「お書き／ご記入・いただけますでしょうか・願います」などの表現もある。

問4 （△）

有給休暇を取る場合や，弔事等で休むような場面で，用いられることも多い。「休ませていただく」ということで一見丁寧に響くが，「来週休むと自分で休みを決めている」という勝手な表現にも受け取られかねない言葉だ。ここは同じ「させていただく」を用いても，相手の都合をうかがう言い方に換えて「○○がございまして，申し訳ございませんが，休みをいただいてもよろしいでしょうか」などの言い換えが好ましい。

問5 （×） ○正しい言い換え例

→「上司に報告いたします」

「ご報告いたします」は，ソトの人との会話で使うとするならば誤り。「ご報告いたします」の「お・ご〜いたす」は，「お・ご〜する」と「〜いたす」という2つの敬語を含む言葉。そのうちの「お・ご〜する」は，主語である自分を低めて相手＝上司を高める働きをもつ表現（謙譲語Ⅰ）。一方「〜いたす」は，主語の私を低めて，話の聞き手に対して丁重に述べる働きをもつ表現（謙譲語Ⅱ　丁重語）。「お・ご〜する」も「〜いたす」も同じ謙譲語であるため紛らわしいが，主語を低める（謙譲）という働きは同じでも，行為の相手を高める働きがあるかないかという点に違いがあるといえる。

正しい敬語

敬語は正しく使用することで，相手の印象を大きく変えることができる。尊敬語，謙譲語の区別をはっきりつけて，誤った用法で話すことのないように気をつけよう。

言葉の使い方が
マナーを表す!

■よく使われる尊敬語の形 「言う・話す・説明する」の例

専用の尊敬語型	おっしゃる
～れる・～られる型	言われる・話される・説明される
お（ご）～になる型	お話しになる・ご説明になる
お（ご）～なさる型	お話しなさる・ご説明なさる

■よく使われる謙譲語の形 「言う・話す・説明する」の例

専用の謙譲語型	申す・申し上げる
お（ご）～する型	お話しする・ご説明する
お（ご）～いたす型	お話しいたします・ご説明いたします

―*Point*―

　同じ尊敬語・謙譲語でも，よく使われる代表的な形がある。ここではその一例をあげてみた。敬語の使い方に迷ったときなどは，まずはこの形を思い出すことで，大抵の語はこの型にはめ込むことができる。同じ言葉を用いたほうがよりわかりやすいといえるので，同義に使われる「言う・話す・説明する」を例に考えてみよう。

　ほかにも「お話しくださる」や「お話しいただく」「お元気でいらっしゃる」などの形もあるが，まずは表の中の形を見直そう。

■よく使う動詞の尊敬語・謙譲語
　なお，尊敬語の中の「言われる」などの「れる・られる」を付けた形は省力している。

基本	尊敬語（相手側）	謙譲語（自分側）
会う	お会いになる	お目にかかる・お会いする
言う	おっしゃる	申し上げる・申す
行く・来る	いらっしゃる おいでになる お見えになる お越しになる お出かけになる	伺う・参る お伺いする・参上する
いる	いらっしゃる・おいでになる	おる
思う	お思いになる	存じる
借りる	お借りになる	拝借する・お借りする
聞く	お聞きになる	拝聴する 拝聞する お伺いする・伺う お聞きする
知る	ご存じ（知っているという意で）	存じ上げる・存じる
する	なさる	いたす
食べる・飲む	召し上がる・お召し上がりになる お飲みになる	いただく・頂戴する
見る	ご覧になる	拝見する
読む	お読みになる	拝読する

「お伺いする」「お召し上がりになる」などは，「伺う」「召し上がる」自体が敬語なので
「二重敬語」ですが，慣習として定着しており間違いではないもの。

　上記の「敬語表」は，よく使うと思われる動詞をそれぞれ尊敬語・謙譲語
で表したもの。このように大体の言葉は型にあてはめることができる。言
葉の中には「お（ご）」が付かないものもあるが，その場合でも「〜なさる」
を使って，「スピーチなさる」や「運営なさる」などと言うことができる。ま
た，表では，「言う」の尊敬語「言われる」の例は省いているが，れる・ら
れる型の「言われる」よりも「おっしゃる」「お話しになる」「お話しなさる」
などの言い方のほうが，より敬意も高く，言葉としても何となく響きが落ち
着くといった印象を受けるものとなる。

会話は相手があってのこと。いかなる場合でも，相手に対する心くばりを忘れないことが，会話をスムーズに進めるためのコツになる。

心くばりを添えるひと言で
言葉の印象が変わる!

　相手に何かを頼んだり，また相手の依頼を断ったり，相手の抗議に対して反論したりする場面では，いきなり自分の意見や用件を切り出すのではなく，場面に合わせて心くばりを伝えるひと言を添えてから本題に移ると，響きがやわらかくなり，こちらの意向も伝えやすくなる。俗にこれは「クッション言葉」と呼ばれている。(右表参照)

Point

　ビジネスの場面で，相手と話したり手紙やメールを送る際には，何か依頼事があってという場合が多いもの。その場合に「ちょっとお願いなんですが…」では，ふだんの会話と変わりがないものになってしまう。そこを「突然のお願いで恐れ入りますが」「急にご無理を申しまして」「こちらの勝手で恐縮に存じますが」「折り入ってお願いしたいことがございまして」などの一言を添えることで，直接的なきつい感じが和らぐだけでなく，「申し訳ないのだけれど，もしもそうしていただくことができればありがたい」という，相手への配慮や願いの気持ちがより強まる。このような前置きの言葉もうまく用いて，言葉に心くばりを添えよう。

相手の意向を尋ねる場合	「よろしければ」「お差し支えなければ」 「ご都合がよろしければ」「もしお時間がありましたら」 「もしお嫌いでなければ」「ご興味がおありでしたら」
相手に面倒を かけてしまうような場合	「お手数をおかけしますが」 「ご面倒をおかけしますが」 「お手を煩わせまして恐縮ですが」 「お忙しい時に申し訳ございませんが」 「お時間を割いていただき申し訳ありませんが」 「貴重なお時間を頂戴し恐縮ですが」
自分の都合を 述べるような場合	「こちらの勝手で恐縮ですが」 「こちらの都合（ばかり）で申し訳ないのですが」 「私どもの都合ばかりを申しまして，まことに申し訳なく存じますが」 「ご無理を申し上げまして恐縮ですが」
急な話をもちかけた場合	「突然のお願いで恐れ入りますが」 「急にご無理を申しまして」 「もっと早くにご相談申し上げるべきところでございましたが」 「差し迫ってのことでまことに申し訳ございませんが」
何度もお願いする場合	「たびたびお手数をおかけしまして恐縮に存じますが」 「重ね重ね恐縮に存じますが」 「何度もお手を煩わせまして申し訳ございませんが」 「ご面倒をおかけしてばかりで，まことに申し訳ございませんが」
難しいお願いをする場合	「ご無理を承知でお願いしたいのですが」 「たいへん申し上げにくいのですが」 「折り入ってお願いしたいことがございまして」
あまり親しくない相手に お願いする場合	「ぶしつけなお願いで恐縮ですが」 「ぶしつけながら」 「まことに厚かましいお願いでございますが」
相手の提案・誘いを断る場合	「申し訳ございませんが」 「（まことに）残念ながら」 「せっかくのご依頼ではございますが」 「たいへん恐縮ですが」 「身に余るお言葉ですが」 「まことに失礼とは存じますが」 「たいへん心苦しいのですが」 「お引き受けしたいのはやまやまですが」
問い合わせの場合	「つかぬことをうかがいますが」 「突然のお尋ねで恐縮ですが」

ここでは文章の書き方における，一般的な敬称について言及している。はがき，手紙，メール等，通信手段はさまざま。それぞれの特性をふまえて有効活用しよう。

相手の気持ちになって
見やすく美しく書こう

■敬称のいろいろ

敬称	使う場面	例
様	職名・役職のない個人	（例）飯田知子様／ご担当者様／経理部長　佐藤一夫様
殿	職名・組織名・役職のある個人（公用文など）	（例）人事部長殿／教育委員会殿／田中四郎殿
先生	職名・役職のない個人	（例）松井裕子先生
御中	企業・団体・官公庁などの組織	（例）○○株式会社御中
各位	複数あてに同一文書を出すとき	（例）お客様各位／会員各位

Point

　封筒・はがきの表書き・裏書きは縦書きが基本だが，洋封筒で親しい人にあてる場合は，横書きでも問題ない。いずれにせよ，定まった位置に，丁寧な文字でバランス良く，正確に記すことが大切。特に相手の住所や名前を乱雑な文字で書くのは，配達の際の間違いを引き起こすだけでなく，受け取る側に不快な思いをさせる。相手の気持ちになって，見やすく美しく書くよう心がけよう。

■各通信手段の長所と短所

	長所	短所	用途
封書	・封を開けなければ本人以外の目に触れることがない。 ・丁寧な印象を受ける。	・多量の資料・画像送付には不向き。 ・相手に届くまで時間がかかる。	・儀礼的な文書(礼状・わび状など) ・目上の人あての文書 ・重要な書類 ・他人に内容を読まれたくない文書
はがき・カード	・封書よりも気軽にやり取りできる。 ・年賀状や季節の便り，旅先からの連絡など絵はがきとしても楽しむことができる。	・封に入っていないため，第三者の目に触れることがある。 ・中身が見えるので，改まった礼状やわび状，こみ入った内容には不向き。 ・相手に届くまで時間がかかる。	・通知状　　　・案内状 ・送り状　　　・旅先からの便り ・各種お祝い　・お礼 ・季節の挨拶
FAX	・手書きの図やイラストを文章といっしょに送れる。 ・すぐに届く。 ・控えが手元に残る。	・多量の資料の送付には不向き。 ・事務的な用途で使われることが多く，改まった内容の文書，初対面の人へは不向き。	・地図，イラストの入った文書 ・印刷物（本・雑誌など）
電話	・急ぎの連絡に便利。 ・相手の反応をすぐに確認できる。 ・直接声が聞けるので,安心感がある。	・連絡できる時間帯が制限される。 ・長々としたこみ入った内容は伝えづらい。	・緊急の用件 ・確実に用件を伝えたいとき
メール	・瞬時に届く。　・控えが残る。 ・コストが安い。 ・大容量の資料や画像をデータで送ることができる。 ・一度に大勢の人に送ることができる。 ・相手の居場所や状況を気にせず送れる。	・事務的な印象を与えるので，改まった礼状やわび状には不向き。 ・パソコンや携帯電話を持っていない人には送れない。 ・ウィルスなどへの対応が必要。	・データで送りたいとき ・ビジネス上の連絡

Point

　はがきは手軽で便利だが，おわびやお願い，格式を重んじる手紙には不向きとなる。この種の手紙は内容もこみ入ったものとなり，加えて丁寧な文章で書かなければならないので，数行で済むことはまず考えられない。また，封筒に入っていないため，他人の目に触れるという難点もある。このように，はがきにも長所と短所があるため，使う場面や相手によって，他の通信手段と使い分けることが必要となる。

　はがき以外にも，封書・電話・ＦＡＸ・メールなど，現代ではさまざまな通信手段がある。上に示したように，それぞれ長所と短所があるので，特徴を知って用途によって上手に使い分けよう。

　社会人のマナーとして，電話応対のスキルは必要不可欠。まずは失礼なく電話に出ることからはじめよう。積極性が重要だ。

相手の顔が見えない分
対応には細心の注意を

■電話をかける場合

①　○○先生に電話をする

×「私，□□社の××と言いますが，○○様はおられますでしょうか？」

○「××と申しますが，○○様はいらっしゃいますか？」

　「おられますか」は「おる」を謙譲語として使うため，通常は相手がいるかどうかに関しては，「いらっしゃる」を使うのが一般的。

②　相手の状況を確かめる

×「こんにちは，××です，先日のですね…」

○「××です，先日は有り難うございました，今お時間よろしいでしょうか？」

　相手が忙しくないかどうか，状況を聞いてから話を始めるのがマナー。また，やむを得ず夜間や早朝，休日などに電話をかける際は，「夜分（朝早く）に申し訳ございません」「お休みのところ恐れ入ります」などのお詫びの言葉もひと言添えて話す。

③　相手が不在，何時ごろ戻るかを聞く場合

×「戻りは何時ごろですか？」

○「何時ごろお戻りになりますでしょうか？」

　「戻り」はそのままの言い方，相手にはきちんと尊敬語を使う。

④　また自分からかけることを伝える

×「そうですか，ではまたかけますので」

○「それではまた後ほど（改めて）お電話させていただきます」

　戻る時間がわかる場合は，「またお戻りになりましたころにでも」「また午後にでも」などの表現もできる。

■電話を受ける場合

① 電話を取ったら

×「はい，もしもし，○○（社名）ですが」
○「**はい，○○（社名）でございます**」

② 相手の名前を聞いて

×「どうも，どうも」
○「**いつもお世話になっております**」

　あいさつ言葉として定着している決まり文句ではあるが，日頃のお付き合いがあってこそ。あいさつ言葉もきちんと述べよう。「お世話様」という言葉も時折耳にするが，敬意が軽い言い方となる。適切な言葉を使い分けよう。

③ 相手が名乗らない

×「どなたですか？」「どちらさまですか？」
○「**失礼ですが，お名前をうかがってもよろしいでしょうか？**」

　名乗るのが基本だが，尋ねる態度も失礼にならないように適切な応対を心がけよう。

④ 電話番号や住所を教えてほしいと言われた場合

×「はい，いいでしょうか？」　　×「メモのご用意は？」
○「**はい，申し上げます，よろしいでしょうか？**」

　「メモのご用意は？」は，一見親切なようにも聞こえるが，尋ねる相手も用意していることがほとんど。押し付けがましくならない程度に。

⑤ 上司への取次を頼まれた場合

×「はい，今代わります」　　×「○○部長ですね，お待ちください」
○「**部長の○○でございますね，ただいま代わりますので，少々お待ちくださいませ**」

　○○部長という表現は，相手側の言い方となる。自分側を述べる場合は，「部長の○○」「○○」が適切。

Point

自分から電話をかける場合は，まずは自分の会社名や氏名を名乗るのがマナー。たとえ目的の相手が直接出た場合でも，電話では相手の様子が見えないことがほとんど。自分の勝手な判断で話し始めるのではなく，相手の都合を伺い，そのうえで話を始めるのが社会人として必要な気配りとなる。

デキるオトナをアピール
時候の挨拶

月	漢語調の表現 候，みぎりなどを付けて用いられます	口語調の表現
1月 (睦月)	初春・新春 頌春・小寒・大寒・厳寒	皆様におかれましては，よき初春をお迎えのことと存じます／厳しい寒さが続いております／珍しく暖かな寒の入りとなりました／大寒という言葉通りの厳しい寒さでございます
2月 (如月)	春寒・余寒・残寒・立春・梅花・向春	立春とは名ばかりの寒さ厳しい毎日でございます／梅の花もちらほらとふくらみ始め，春の訪れを感じる今日この頃です／春の訪れが待ち遠しいのごろでございます
3月 (弥生)	早春・浅春・春寒・春分・春暖	寒さもようやくゆるみ，日ましに春めいてまいりました／ひと雨ごとに春めいてまいりました／日増しに暖かさが加わってまいりました
4月 (卯月)	春暖・陽春・桜花・桜花爛漫	桜花爛漫の季節を迎えました／春光うららかな好季節となりました／花冷えとでも申しましょうか，何だか肌寒い日が続いております
5月 (皐月)	新緑・薫風・惜春・晩春・立夏・若葉	風薫るさわやかな季節を迎えました／木々の緑が目にまぶしいようでございます／目に青葉，山ほととぎす，初鰹の句も思い出される季節となりました
6月 (水無月)	梅雨・向暑・初夏・薄暑・麦秋	初夏の風もさわやかな毎日でございます／梅雨前線が近づいてまいりました／梅雨の晴れ間にのぞく青空は，まさに夏を思わせるようです
7月 (文月)	盛夏・大暑・炎暑・酷暑・猛暑	梅雨が明けたとたん，うだるような暑さが続いております／長い梅雨も明け，いよいよ本格的な夏がやってまいりました／風鈴の音がわずかに涼を運んでくれているようです
8月 (葉月)	残暑・晩夏・処暑・秋暑	立秋とはほんとうに名ばかりの厳しい暑さの毎日です／残暑たえがたい毎日でございます／朝夕はいくらかしのぎやすくなってまいりました
9月 (長月)	初秋・新秋・爽秋・新涼・清涼	九月に入りましてもなお，日差しの強い毎日です／暑さもやっとおとろえはじめたようでございます／残暑も去り，ずいぶんとしのぎやすくなってまいりました
10月 (神無月)	清秋・錦秋・秋涼・秋冷・寒露	秋風もさわやかな過ごしやすい季節となりました／街路樹の葉も日ごとに色を増しております／紅葉の便りの聞かれるころとなりました／秋深く，日増しに冷気も加わってまいりました
11月 (霜月)	晩秋・暮秋・霜降・初霜・向寒	立冬を迎え，まさに冬到来を感じる寒さです／木枯らしの季節になりました／日ごとに冷気が増すようでございます／朝夕はひときわ冷え込むようになりました
12月 (師走)	寒冷・初冬・師走・歳晩	師走を迎え，何かと慌ただしい日々をお過ごしのことと存じます／年の瀬も押しつまり，何かとお忙しくお過ごしのことと存じます／今年も残すところわずかとなりました，お忙しい毎日とお察しいたします

シチュエーション別会話例

シチュエーション1　取引先との会話

「非常に素晴らしいお話で感心しました」→NG！

「感心する」は相手の立派な行為や，優れた技量などに心を動かされるという意味。意味としては間違いではないが，目上の人に用いると，偉そうに聞こえかねない表現。「感動しました」などに言い換えるほうが好ましい。

シチュエーション2　子どもとの会話

「お母さんは，明日はいますか？」→NG！

たとえ子どもとの会話でも，子どもの年齢によっては，ある程度の敬語を使うほうが好ましい。「明日はいらっしゃいますか」では，むずかしすぎると感じるならば，「お出かけですか」などと表現することもできる。

シチュエーション3　同僚との会話

「今，お暇ですか」→NG？

同じ立場同士なので，暇に「お」が付いた形で「お暇」ぐらいでも構わないともいえるが，「暇」というのは，するべきことも何もない時間という意味。そのため「お暇ですか」では，あまりにも直接的になってしまう。その意味では「手が空いている」→「空いていらっしゃる」→「お手透き」などに言い換えることで，やわらかく敬意も含んだ表現になる。

シチュエーション4　上司との会話

「なるほどですね」→NG！

「なるほど」とは，相手の言葉を受けて，自分も同意見であることを表すため，相手の言葉・意見を自分が評価するというニュアンスも含まれている。そのため自分が評価して述べているという偉そうな表現にもなりかねない。同じ同意ならば，頷き「おっしゃる通りです」などの言葉のほうが誤解なく伝わる。

就活スケジュールシート

■年間スケジュールシート

1月	2月	3月	4月	5月	6月
企業関連スケジュール					
自己の行動計画					

就職活動をすすめるうえで，当然重要になってくるのは，自己のスケジュール管理だ。企業の選考スケジュールを把握することも大切だが，自分のペースで進めることになる自己分析や業界・企業研究，面接試験のトレーニング等の計画を立てることも忘れてはいけない。スケジュールシートに「記入」する作業を通して，短期・長期の両方の面から就職試験を考えるきっかけにしよう。

7月	8月	9月	10月	11月	12月
企業関連スケジュール					
自己の行動計画					

第**4**章

SPI対策

ほとんどの企業では，基本的な資質や能力を見極める
ため適性検査を実施しており，現在最も使われている
のがリクルートが開発した「SPI」である。

テストの内容は，「言語能力」「非言語能力」「性格」
の3つに分かれている。その人がどんな人物で，どん
な仕事で力を発揮しやすいのか，また，どんな組織に
なじみやすいかなどを把握するために行われる。

この章では，SPIの「言語能力」及び「非言語能力」の
分野で，頻出内容を絞って，演習問題を構成している。
演習問題に複数回チャレンジし，解説をしっかりと熟
読して，学習効果を高めよう。

SPI 対策

●SPIとは

　SPIは，Synthetic Personality Inventoryの略称で，株式会社リクルートが開発・販売を行っている就職採用向けのテストである。昭和49年から提供が始まり，平成14年と平成25年の2回改訂が行われ，現在はSPI3が最新になる。

　SPIは，応募者の仕事に対する適性，職業の適性能力，興味や関心を見極めるのに適しており，現在の就職採用テストでは主流となっている。

　SPIは，「知的能力検査」と「性格検査」の2領域にわけて測定され，知的能力検査は「言語能力検査（国語）」と「非言語能力検査（数学）」に分かれている。オプション検査として，「英語（ENG）検査」を実施することもある。性格適性検査では，性格を細かく分析するために，非常に多くの質問が出される。SPIの性格適性検査では，正式な回答はなく，全ての質問に正直に答えることが重要である。

　本章では，その中から，「言語能力検査」と「非言語能力検査」に絞って収録している。

●SPIを利用する企業の目的

①：志望者から人数を絞る

　一部上場企業にもなると，数万単位の希望者が応募してくる。基本的な資質能力や会社への適性能力を見極めるため，SPIを使って，人数の絞り込みを行う。

②：知的能力を見極める

　SPIは，応募者1人1人の基本的な知的能力を比較することができ，それによって，受検者の相対的な知的能力を見極めることが可能になる。

③：性格をチェックする

　その職種に対する適性があるが，300程度の簡単な質問によって発想力やパーソナリティを見ていく。性格検査なので，正解というものはなく，正直に回答していくことが重要である。

●SPIの受検形式

SPIは，企業の会社説明会や会場で実施される「ペーパーテスト形式」と，パソコンを使った「テストセンター形式」とがある。

近年，ペーパーテスト形式は減少しており，ほとんどの企業が，パソコンを使ったテストセンター形式を採用している。志望する企業がどのようなテストを採用しているか，早めに確認し，対策を立てておくこと。

●SPIの出題形式

SPIは，言語分野，非言語分野，英語（ENG），性格適性検査に出題形式が分かれている。

科目	出題範囲・内容
言語分野	二語の関係，語句の意味，語句の用法，文の並び換え，空欄補充，熟語の成り立ち，文節の並び換え，長文読解　等
非言語分野	推論，場合の数，確率，集合，損益算，速度算，表の読み取り，資料の読み取り，長文読み取り　等
英語（ENG）	同意語，反意語，空欄補充，英英辞書，誤文訂正，和文英訳，長文読解　等
性格適性検査	質問：300問程度　時間：約35分

●受検対策

本章では，出題が予想される問題を厳選して収録している。問題と解答だけではなく，詳細な解説も収録しているので，分からないところは複数回問題を解いてみよう。

言語分野

同音異義語

●あいせき
哀惜　死を悲しみ惜しむこと
愛惜　惜しみ大切にすること

●いぎ
意義　意味・内容・価値
異議　他人と違う意見
威儀　いかめしい挙動
異義　異なった意味

●いし
意志　何かをする積極的な気持ち
意思　しようとする思い・考え

●いどう
異同　異なり・違い・差
移動　場所を移ること
異動　地位・勤務の変更

●かいこ
懐古　昔を懐かしく思うこと
回顧　過去を振り返ること
解雇　仕事を辞めさせること

●かいてい
改訂　内容を改め直すこと
改定　改めて定めること

●かんしん
関心　気にかかること
感心　心に強く感じること
歓心　嬉しいと思う心

寒心　肝を冷やすこと

●きてい
規定　規則・定め
規程　官公庁などの規則

●けんとう
見当　だいたいの推測・判断・
　　　めあて
検討　調べ究めること

●こうてい
工程　作業の順序
行程　距離・みちのり

●じき
直　　すぐに
時期　時・折り・季節
時季　季節・時節
時機　適切な機会

●しゅし
趣旨　趣意・理由・目的
主旨　中心的な意味

●たいけい
体型　人の体格
体形　人や動物の形態
体系　ある原理に基づき個々のも
　　　のを統一したもの
大系　系統立ててまとめた叢書

●たいしょう

対象　行為や活動が向けられる相手

対称　対応する位置にあること

対照　他のものと照らし合わせること

●たんせい

端正　人の行状が正しくきちんとしているさま

端整　人の容姿が整っているさま

●はんざつ

繁雑　ごたごたと込み入ること

煩雑　煩わしく込み入ること

●ほしょう

保障　保護して守ること

保証　確かだと請け合うこと

補償　損害を補い償うこと

●むち

無知　知識・学問がないこと

無恥　恥を知らないこと

●ようけん

要件　必要なこと

用件　なすべき仕事

同訓漢字

●あう

合う…好みに合う。答えが合う。

会う…客人と会う。立ち会う。

遭う…事故に遭う。盗難に遭う。

●あげる

上げる…プレゼントを上げる。効果を上げる。

挙げる…手を挙げる。全力を挙げる。

揚げる…凧を揚げる。てんぷらを揚げる。

●あつい

暑い…夏は暑い。暑い部屋。

熱い…熱いお湯。熱い視線を送る。

厚い…厚い紙。面の皮が厚い。

篤い…志の篤い人。篤い信仰。

●うつす

写す…写真を写す。文章を写す。

映す…映画をスクリーンに映す。鏡に姿を映す。

●おかす

冒す…危険を冒す。病に冒された人。

犯す…犯罪を犯す。法律を犯す。

侵す…領空を侵す。プライバシーを侵す。

●おさめる

治める…領地を治める。水を治める。

収める…利益を収める。争いを収める。

修める…学問を修める。身を修める。

納める…税金を納める。品物を納める。

●かえる

変える…世界を変える。性格を変える。

代える…役割を代える。背に腹は代えられぬ。

替える…円をドルに替える。服を
　　　替える。

●きく
聞く…うわさ話を聞く。明日の天
　　　気を聞く。
聴く…音楽を聴く。講義を聴く。

●しめる
閉める…門を閉める。ドアを閉め
　　　る。
締める…ネクタイを締める。気を
　　　引き締める。
絞める…首を絞める。絞め技をか
　　　ける。

●すすめる
進める…足を進める。話を進める。
勧める…縁談を勧める。加入を勧
　　　める。
薦める…生徒会長に薦める。

●つく
付く…傷が付いた眼鏡。気が付く。
着く…待ち合わせ場所の公園に着
　　　く。地に足が着く。

●つく
就く…仕事に就く。外野の守備に
　　　就く。

●つとめる
務める…日本代表を務める。主役
　　　を務める。
努める…問題解決に努める。療養
　　　に努める。
勤める…大学に勤める。会社に勤
　　　める。

●のぞむ
望む…自分の望んだ夢を追いかけ
　　　る。
臨む…記者会見に臨む。決勝に臨
　　　む。

●はかる
計る…時間を計る。将来を計る。
測る…飛行距離を測る。水深を測
　　　る。

●みる
見る…月を見る。ライオンを見る。
診る…患者を診る。脈を診る。

演習問題

[1] カタカナで記した部分の漢字として適切なものはどれか。
　1　手続きがハンザツだ　　　　　【汎雑】
　2　誤りをカンカすることはできない　【観過】
　3　ゲキヤクなので取扱いに注意する　【激薬】
　4　クジュウに満ちた選択だった　　【苦重】
　5　キセイの基準に従う　　　　　【既成】

2 下線部の漢字として適切なものはどれか。

家で飼っている熱帯魚を<u>かんしょう</u>する。

1　干渉
2　観賞
3　感傷
4　勧奨
5　鑑賞

3 下線部の漢字として適切なものはどれか。

彼に責任を<u>ついきゅう</u>する。

1　追窮
2　追究
3　追給
4　追求
5　追及

4 下線部の語句について，両方とも正しい表記をしているものはどれか。

1　私と母とは<u>相生</u>がいい。　　　・この歌を<u>愛唱</u>している。
2　それは<u>規成</u>の事実である。　　・<u>既製</u>品を買ってくる。
3　同音<u>異義</u>語を見つける。　　　・会議で<u>意議</u>を申し立てる。
4　選挙の<u>大勢</u>が決まる。　　　　・作曲家として<u>大成</u>する。
5　<u>無常</u>の喜びを味わう。　　　　・<u>無情</u>にも雨が降る。

5 下線部の漢字として適切なものはどれか。

彼の体調は<u>かいほう</u>に向かっている。

1　介抱
2　快方
3　解放
4　回報
5　開放

1̄ 5

解説 1 「煩雑」が正しい。「汎」は「汎用(はんよう)」などと使う。
2 「看過」が正しい。「観」は「観光」や「観察」などと使う。 3 「劇薬」
が正しい。「少量の使用であってもはげしい作用のするもの」という意味
であるが「激」を使わないことに注意する。 4 「苦渋」が正しい。苦し
み悩むという意味で，「苦悩」と同意であると考えてよい。 5 「既成概
念」などと使う場合もある。同音で「既製」という言葉があるが，これは
「既製服」や「既製品」という言葉で用いる。

2̄ 2

解説 同音異義語や同訓異字の問題は，その漢字を知っているだけで
は対処できない。「植物や魚などの美しいものを見て楽しむ」場合は「観
賞」を用いる。なお，「芸術作品」に関する場合は「鑑賞」を用いる。

3̄ 5

解説 「ついきゅう」は，特に「追究」「追求」「追及」が頻出である。「追
究」は「あることについて徹底的に明らかにしようとすること」，「追求」
は「あるものを手に入れようとすること」，「追及」は「後から厳しく調べ
ること」という意味である。ここでは，「責任」という言葉の後にあるので，
「厳しく」という意味が含まれている「追及」が適切である。

4̄ 4

解説 1の「相生」は「相性」，2の「規成」は「既成」，3の「意議」は「異
議」，5の「無常」は「無上」が正しい。

5̄ 2

解説 「快方」は「よい方向に向かっている」という意味である。なお，
1は病気の人の世話をすること，3は束縛を解いて自由にすること，4は
複数人で回し読む文書，5は出入り自由として開け放つ，の意味。

非言語分野

計算式・不等式

演習問題

1 分数 $\dfrac{30}{7}$ を小数で表したとき，小数第100位の数字として正しいものはどれか。

  1　1　　　2　2　　　3　4　　　4　5　　　5　7

2 $x=\sqrt{2}-1$ のとき，$x+\dfrac{1}{x}$ の値として正しいものはどれか。
  1　$2\sqrt{2}$　　2　$2\sqrt{2}-2$　　3　$2\sqrt{2}-1$　　4　$3\sqrt{2}-3$
  5　$3\sqrt{2}-2$

3 360の約数の総和として正しいものはどれか。

  1　1060　　2　1170　　3　1250　　4　1280　　5　1360

4 $\dfrac{x}{2}=\dfrac{y}{3}=\dfrac{z}{5}$ のとき，$\dfrac{x-y+z}{3x+y-z}$ の値として正しいものはどれか。

  1　-2　　2　-1　　3　$\dfrac{1}{2}$　　4　1　　5　$\dfrac{3}{2}$

5 $\dfrac{\sqrt{2}}{\sqrt{2}-1}$ の整数部分を a，小数部分を b とするとき，$a\times b$ の値として正しいものは次のうちどれか。

  1　$\sqrt{2}$　　2　$2\sqrt{2}-2$　　3　$2\sqrt{2}-1$　　4　$3\sqrt{2}-3$
  5　$3\sqrt{2}-2$

6 $x=\sqrt{5}+\sqrt{2}$，$y=\sqrt{5}-\sqrt{2}$ のとき，x^2+xy+y^2 の値として正しいものはどれか。

  1　15　　2　16　　3　17　　4　18　　5　19

7 $\dfrac{\sqrt{2}}{\sqrt{2}-1}$ の整数部分をa, 小数部分をbとするとき, b^2 の値として正しいものはどれか。

　　1　$2-\sqrt{2}$　　2　$1+\sqrt{2}$　　3　$2+\sqrt{2}$　　4　$3+\sqrt{2}$
　　5　$3-2\sqrt{2}$

8 ある中学校の生徒全員のうち, 男子の7.5%, 女子の6.4%を合わせて37人がバドミントン部員であり, 男子の2.5%, 女子の7.2%を合わせて25人が吹奏楽部員である。この中学校の女子全員の人数は何人か。

　　1　246人　　2　248人　　3　250人　　4　252人　　5　254人

9 連続した3つの正の偶数がある。その小さい方2数の2乗の和は, 一番大きい数の2乗に等しいという。この3つの数のうち, 最も大きい数として正しいものはどれか。

　　1　6　　2　8　　3　10　　4　12　　5　14

○○○解答・解説○○○

1　5

解説　実際に30を7で割ってみると,
$\dfrac{30}{7} = 4.28571428571\cdots\cdots$ となり, 小数点以下は, 6つの数字"285714"が繰り返されることがわかる。$100 \div 6 = 16$ 余り4だから, 小数第100位は, "285714"のうちの4つ目の"7"である。

2　1

解説　$x=\sqrt{2}-1$ を $x+\dfrac{1}{x}$ に代入すると,

$$x+\dfrac{1}{x}=\sqrt{2}-1+\dfrac{1}{\sqrt{2}-1}=\sqrt{2}-1+\dfrac{\sqrt{2}+1}{(\sqrt{2}-1)(\sqrt{2}+1)}$$
$$=\sqrt{2}-1+\dfrac{\sqrt{2}+1}{2-1}$$
$$=\sqrt{2}-1+\sqrt{2}+1=2\sqrt{2}$$

$\boxed{3}$ 2

解説 360を素因数分解すると，$360 = 2^3 \times 3^2 \times 5$ であるから，約数の総和は $(1 + 2 + 2^2 + 2^3)(1 + 3 + 3^2)(1 + 5) = (1 + 2 + 4 + 8)(1 + 3 + 9)(1 + 5) = 15 \times 13 \times 6 = 1170$ である。

$\boxed{4}$ 4

解説 $\dfrac{x}{2} = \dfrac{y}{3} = \dfrac{z}{5} = A$ とおく。

$x = 2A$, $y = 3A$, $z = 5A$ となるから，

$x - y + z = 2A - 3A + 5A = 4A$, $3x + y - z = 6A + 3A - 5A = 4A$

したがって，$\dfrac{x - y + z}{3x + y - z} = \dfrac{4A}{4A} = 1$ である。

$\boxed{5}$ 4

解説 分母を有理化する。

$\dfrac{\sqrt{2}}{\sqrt{2} - 1} = \dfrac{\sqrt{2}(\sqrt{2} + 1)}{(\sqrt{2} - 1)(\sqrt{2} + 1)} = \dfrac{2 + \sqrt{2}}{2 - 1} = 2 + \sqrt{2} = 2 + 1.414\cdots = 3.414\cdots$

であるから，$a = 3$ であり，$b = (2 + \sqrt{2}) - 3 = \sqrt{2} - 1$ となる。

したがって，$a \times b = 3(\sqrt{2} - 1) = 3\sqrt{2} - 3$

$\boxed{6}$ 3

解説 $(x + y)^2 = x^2 + 2xy + y^2$ であるから，

$x^2 + xy + y^2 = (x + y)^2 - xy$ と表せる。

ここで，$x + y = (\sqrt{5} + \sqrt{2}) + (\sqrt{5} - \sqrt{2}) = 2\sqrt{5}$,

$\qquad xy = (\sqrt{5} + \sqrt{2})(\sqrt{5} - \sqrt{2}) = 5 - 2 = 3$

であるから，求める $(x + y)^2 - xy = (2\sqrt{5})^2 - 3 = 20 - 3 = 17$

$\boxed{7}$ 5

解説 分母を有理化すると，

$\dfrac{\sqrt{2}}{\sqrt{2} - 1} = \dfrac{\sqrt{2}(\sqrt{2} + 1)}{(\sqrt{2} - 1)(\sqrt{2} + 1)} = \dfrac{2 + \sqrt{2}}{2 - 1} = 2 + \sqrt{2}$

$\sqrt{2} = 1.4142\cdots\cdots$ であるから，$2 + \sqrt{2} = 2 + 1.4142\cdots\cdots = 3.14142\cdots\cdots$

したがって，$a = 3$, $b = 2 + \sqrt{2} - 3 = \sqrt{2} - 1$ といえる。

したがって，$b^2 = (\sqrt{2} - 1)^2 = 2 - 2\sqrt{2} + 1 = 3 - 2\sqrt{2}$ である。

$\boxed{8}$ 3

解説 男子全員の人数を x，女子全員の人数を y とする。

$0.075x + 0.064y = 37 \cdots ①$

$0.025x + 0.072y = 25 \cdots ②$

① − ② × 3 より

$$\begin{array}{r} \left\{ \begin{array}{l} 0.075x + 0.064y = 37 \cdots ① \\ 0.075x + 0.216y = 75 \cdots ②' \end{array} \right. \\ \hline -0.152y = -38 \end{array}$$
$-)$

$\therefore \quad 152y = 38000 \quad \therefore \quad y = 250 \quad x = 280$

よって，女子全員の人数は250人。

$\boxed{9}$ 3

解説 3つのうちの一番小さいものを $x(x>0)$ とすると，連続した3つの正の偶数は，x，$x+2$，$x+4$ であるから，与えられた条件より，次の式が成り立つ。$x^2+(x+2)^2=(x+4)^2$ かっこを取って，$x^2+x^2+4x+4=x^2+8x+16$ 整理して，$x^2-4x-12=0$ よって，$(x+2)(x-6)=0$ よって，$x=-2,\ 6$ $x>0$ だから，$x=6$ である。したがって，3つの偶数は，6，8，10である。このうち最も大きいものは，10である。

演習問題

1　家から駅までの道のりは30kmである。この道のりを，初めは時速5km，途中から，時速4kmで歩いたら，所要時間は7時間であった。時速5kmで歩いた道のりとして正しいものはどれか。

　1　8km　　2　10km　　3　12km　　4　14km　　5　15km

2　横の長さが縦の長さの2倍である長方形の厚紙がある。この厚紙の四すみから，一辺の長さが4cmの正方形を切り取って，折り曲げ，ふたのない直方体の容器を作る。その容積が64cm³のとき，もとの厚紙の縦の長さとして正しいものはどれか。

　1　$6-2\sqrt{3}$　　2　$6-\sqrt{3}$　　3　$6+\sqrt{3}$　　4　$6+2\sqrt{3}$
　5　$6+3\sqrt{3}$

3　縦50m，横60mの長方形の土地がある。この土地に，図のような直角に交わる同じ幅の通路を作る。通路の面積を土地全体の面積の$\frac{1}{3}$以下にするには，通路の幅を何m以下にすればよいか。

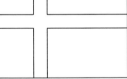

　1　8m　　2　8.5m　　3　9m　　4　10m
　5　10.5m

4　下の図のような，曲線部分が半円で，1周の長さが240mのトラックを作る。中央の長方形ABCDの部分の面積を最大にするには，直線部分ADの長さを何mにすればよいか。次から選べ。

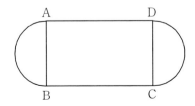

　1　56m　　2　58m　　3　60m　　4　62m　　5　64m

5 AとBの2つのタンクがあり，Aには8m³，Bには5m³の水が入っている。Aには毎分1.2m³，Bには毎分0.5m³ずつの割合で同時に水を入れ始めると，Aの水の量がBの水の量の2倍以上になるのは何分後からか。正しいものはどれか。

1　8分後　　2　9分後　　3　10分後　　4　11分後　　5　12分後

○○○解答・解説○○○

1 2

解説 時速5kmで歩いた道のりを$x$kmとすると，時速4kmで歩いた道のりは，$(30-x)$kmであり，時間＝距離÷速さ　であるから，次の式が成り立つ。

$$\frac{x}{5}+\frac{30-x}{4}=7$$

両辺に20をかけて，$4x+5(30-x)=7\times20$

整理して，$4x+150-5x=140$

よって，$x=10$ である。

2 4

解説 厚紙の縦の長さを$x$cmとすると，横の長さは$2x$cmである。また，このとき，容器の底面は，縦$(x-8)$cm，横$(2x-8)$cmの長方形で，容器の高さは4cmである。

厚紙の縦，横，及び，容器の縦，横の長さは正の数であるから，

$x>0$，$x-8>0$，$2x-8>0$

すなわち，$x>8$……①

容器の容積が64cm³であるから，

$4(x-8)(2x-8)=64$となり，

$(x-8)(2x-8)=16$

これより，$(x-8)(x-4)=8$

$x^2-12x+32=8$となり，$x^2-12x+24=0$

よって，$x=6\pm\sqrt{6^2-24}=6\pm\sqrt{12}=6\pm2\sqrt{3}$

このうち①を満たすものは，$x=6+2\sqrt{3}$

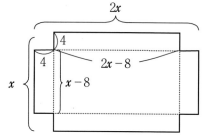

$\boxed{3}$ 4

解説　通路の幅をxmとすると，$0<x<50$……①

また，$50x+60x-x^2\leqq1000$

よって，$(x-10)(x-100)\geqq0$

したがって，$x\leqq10$，$100\leqq x$……②

①②より，$0<x\leqq10$　つまり，10m以下。

$\boxed{4}$ 3

解説　直線部分ADの長さをxmとおくと，$0<2x<240$より，

xのとる値の範囲は，$0<x<120$である。

半円の半径をrmとおくと，

$2\pi r=240-2x$より，

$r=\dfrac{120}{\pi}-\dfrac{x}{\pi}=\dfrac{1}{\pi}(120-x)$

長方形ABCDの面積をym²とすると，

$y=2r\cdot x=2\cdot\dfrac{1}{\pi}(120-x)x$

$=-\dfrac{2}{\pi}(x^2-120x)$

$=-\dfrac{2}{\pi}(x-60)^2+\dfrac{7200}{\pi}$

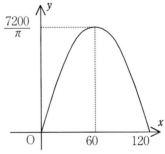

この関数のグラフは，図のようになる。yは$x=60$のとき最大となる。

$\boxed{5}$ 3

解説　x分後から2倍以上になるとすると，題意より次の不等式が成り立つ。

$8+1.2x\geqq2(5+0.5x)$

かっこをはずして，$8+1.2x\geqq10+x$

整理して，$0.2x\geqq2$　よって，$x\geqq10$

つまり10分後から2倍以上になる。

演習問題

1 1個のさいころを続けて3回投げるとき，目の和が偶数になるような場合は何通りあるか。正しいものを選べ。

 1 106通り　　 2 108通り　　 3 110通り　　 4 112通り

 5 115通り

2 A，B，C，D，E，Fの6人が2人のグループを3つ作るとき，AとBが同じグループになる確率はどれか。正しいものを選べ。

 1 $\dfrac{1}{6}$　　 2 $\dfrac{1}{5}$　　 3 $\dfrac{1}{4}$　　 4 $\dfrac{1}{3}$　　 5 $\dfrac{1}{2}$

○○○解答・解説○○○

1 2

解説　和が偶数になるのは，3回とも偶数の場合と，偶数が1回で，残りの2回が奇数の場合である。さいころの目は，偶数と奇数はそれぞれ3個だから，

　(1)　3回とも偶数：$3 \times 3 \times 3 = 27$〔通り〕

　(2)　偶数が1回で，残りの2回が奇数

　　　・偶数/奇数/奇数：$3 \times 3 \times 3 = 27$〔通り〕

　　　・奇数/偶数/奇数：$3 \times 3 \times 3 = 27$〔通り〕

　　　・奇数/奇数/偶数：$3 \times 3 \times 3 = 27$〔通り〕

したがって，合計すると，$27 + (27 \times 3) = 108$〔通り〕である。

2 2

解説　A，B，C，D，E，Fの6人が2人のグループを3つ作るときの，すべての作り方は$\dfrac{{}_6C_2 \times {}_4C_2}{3!} = 15$通り。このうち，AとBが同じグループになるグループの作り方は$\dfrac{{}_4C_2}{2!} = 3$通り。よって，求める確率は$\dfrac{3}{15} = \dfrac{1}{5}$である。

図形

演習問題

$\boxed{1}$ 次の図で，直方体ABCD－EFGHの辺 AB，BCの中点をそれぞれ
M，Nとする。この直方体を3点M，F，Nを通る平面で切り，頂点B
を含むほうの立体をとりさる。AD＝DC
＝8cm，AE＝6cmのとき，△MFNの
面積として正しいものはどれか。

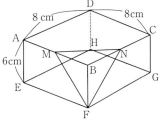

1　$3\sqrt{22}$〔cm²〕　　2　$4\sqrt{22}$〔cm²〕

3　$5\sqrt{22}$〔cm²〕　　4　$4\sqrt{26}$〔cm²〕

5　$4\sqrt{26}$〔cm²〕

$\boxed{2}$ 右の図において，四角形ABCDは円に内
接しており，弧BC＝弧CDである。AB，AD
の延長と点Cにおけるこの円の接線との交点
をそれぞれP，Qとする。AC＝4cm，CD＝
2cm，DA＝3cmとするとき，△BPCと△
APQの面積比として正しいものはどれか。

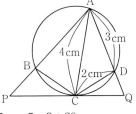

1　1:5　　2　1:6　　3　1:7　　4　2:15　　5　3:20

$\boxed{3}$ 1辺の長さが15のひし形がある。その対角線の長さの差は6である。
このひし形の面積として正しいものは次のどれか。

1　208　　2　210　　3　212　　4　214　　5　216

$\boxed{4}$ 右の図において，円C_1の
半径は2，円C_2の半径は5，2
円の中心間の距離はO_1O_2＝9
である。2円の共通外接線lと2
円C_1，C_2との接点をそれぞれA，
Bとするとき，線分ABの長さ
として正しいものは次のどれ
か。

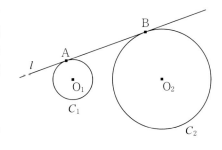

1　$3\sqrt{7}$　　2　8　　3　$6\sqrt{2}$　　4　$5\sqrt{3}$　　5　$4\sqrt{5}$

5　下の図において，点Eは，平行四辺形ABCDの辺BC上の点で，AB =AEである。また，点Fは，線分AE上の点で，∠AFD＝90°である。 ∠ABE＝70°のとき，∠CDFの大きさとして正しいものはどれか。

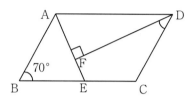

1　48°　　2　49°　　3　50°　　4　51°　　5　52°

6　底面の円の半径が4で，母線の長さが 12の直円すいがある。この円すいに内接 する球の半径として正しいものは次のど れか。

1　$2\sqrt{2}$

2　3

3　$2\sqrt{3}$

4　$\dfrac{8}{3}\sqrt{2}$

5　$\dfrac{8}{3}\sqrt{3}$

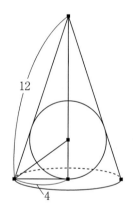

○○○解答・解説○○○

1　2

解説　△MFNはMF＝NFの二等辺三角形。MB＝$\dfrac{8}{2}$＝4，BF＝6より，

MF²＝4²＋6²＝52

また，MN＝$4\sqrt{2}$

FからMNに垂線FTを引くと，△MFTで三平方の定理より，

FT²＝MF²－MT²＝52－$\left(\dfrac{4\sqrt{2}}{2}\right)^2$＝52－8＝44

よって，FT＝$\sqrt{44}$＝$2\sqrt{11}$

したがって，△MFN＝$\dfrac{1}{2}$・$4\sqrt{2}$・$2\sqrt{11}$＝$4\sqrt{22}$〔cm²〕

解説 ∠PBC = ∠CDA，∠PCB = ∠BAC = ∠CADから，

△BPC∽△DCA

相似比は2：3，面積比は，4：9

また，△CQD∽△AQCで，相似比は1：2，面積比は1：4

したがって，△DCA：△AQC = 3：4

よって，△BPC：△DCA：△AQC = 4：9：12

さらに，△BPC∽△CPAで，相似比1：2，面積比1：4

よって，△BPC：△APQ = 4：（16 + 12）= 4：28 = 1：7

3 5

解説 対角線のうちの短い方の長さの半分の長さをxとすると，長い方の対角線の長さの半分は，$(x+3)$と表せるから，三平方の定理より次の式がなりたつ。

$$x^2 + (x+3)^2 = 15^2$$

整理して，$2x^2 + 6x - 216 = 0$　よって，$x^2 + 3x - 108 = 0$

$(x-9)(x+12) = 0$より，$x = 9, -12$　xは正だから，$x = 9$である。

したがって，求める面積は，$4 \times \dfrac{9 \times (9+3)}{2} = 216$

4 5

解説 円の接線と半径より$O_1A \perp l$，$O_2B \perp l$であるから，点O_1から線分O_2Bに垂線O_1Hを下ろすと，四角形AO_1HBは長方形で，

$HB = O_1A = 2$だから，

$O_2H = 3$

△O_1O_2Hで三平方の定理より，

$O_1H = \sqrt{9^2 - 3^2} = 6\sqrt{2}$

よって，$AB = O_1H = 6\sqrt{2}$

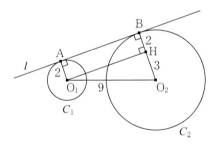

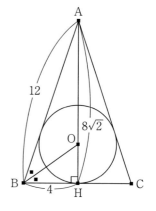

5　3

解 説　∠AEB = ∠ABE = 70°より，∠AEC = 180 − 70 = 110°
また，∠ABE + ∠ECD = 180°より，∠ECD = 110°
四角形FECDにおいて，四角形の内角の和は360°だから，
∠CDF = 360° − (90° + 110° + 110°) = 50°

6　1

解 説　円すいの頂点をA，球の中心を
O，底面の円の中心をHとする。3点A, O,
Hを含む平面でこの立体を切断すると，
断面は図のような二等辺三角形とその内
接円であり，求めるものは内接円の半径
OHである。
　△ABHで三平方の定理より，
　　AH = $\sqrt{12^2 − 4^2}$ = 8$\sqrt{2}$
　Oは三角形ABCの内心だから，BO
は∠ABHの2等分線である。
　よって，AO : OH = BA : BH = 3 : 1
　OH = $\frac{1}{4}$AH = 2$\sqrt{2}$

●情報提供のお願い●

　就職活動研究会では，就職活動に関する情報を募集しています。

　エントリーシートやグループディスカッション，面接，筆記試験の内容等について情報をお寄せください。ご応募はメールアドレス（edit@kyodo-s.jp）へお願いいたします。お送りくださいました方々には薄謝をさしあげます。

　ご協力よろしくお願いいたします。

会社別就活ハンドブックシリーズ

サントリーHDの
就活ハンドブック

編　者　就職活動研究会

発　行　令和6年2月25日

発行者　小貫輝雄

発行所　協同出版株式会社

〒101－0054
東京都千代田区神田錦町2－5
電話　03－3295－1341
振替　東京00190－4－94061

印刷所　協同出版・POD工場

落丁・乱丁はお取り替えいたします

九州電力の就活ハンドブック

自動車

トヨタ自動車の就活ハンドブック

デンソーの就活ハンドブック

本田技研工業の就活ハンドブック

日産自動車の就活ハンドブック

商　社

三菱商事の就活ハンドブック

伊藤忠商事の就活ハンドブック

住友商事の就活ハンドブック

双日の就活ハンドブック

丸紅の就活ハンドブック

豊田通商の就活ハンドブック

三井物産の就活ハンドブック

情報通信・IT

NTT データの就活ハンドブック

サイバーエージェントの就活ハンドブック

NTT ドコモの就活ハンドブック

LINE ヤフーの就活ハンドブック

野村総合研究所の就活ハンドブック

SCSK の就活ハンドブック

日本電信電話の就活ハンドブック

富士ソフトの就活ハンドブック

KDDI の就活ハンドブック

日本オラクルの就活ハンドブック

ソフトバンクの就活ハンドブック

GMO インターネットグループ

楽天の就活ハンドブック

オービックの就活ハンドブック

mixi の就活ハンドブック

DTS の就活ハンドブック

グリーの就活ハンドブック

TIS の就活ハンドブック

食品・飲料

サントリー HD の就活ハンドブック

日本たばこ産業 の就活ハンドブック

味の素の就活ハンドブック

日清食品グループの就活ハンドブック

キリン HD の就活ハンドブック

山崎製パンの就活ハンドブック

アサヒグループ HD の就活ハンドブック

キユーピーの就活ハンドブック

生活用品

資生堂の就活ハンドブック

武田薬品工業の就活ハンドブック

花王の就活ハンドブック

電気機器

- 三菱電機の就活ハンドブック
- ダイキン工業の就活ハンドブック
- ソニーの就活ハンドブック
- 日立製作所の就活ハンドブック
- ＮＥＣの就活ハンドブック
- 富士フイルム HD の就活ハンドブック
- パナソニックの就活ハンドブック
- 富士通の就活ハンドブック
- キヤノンの就活ハンドブック
- 京セラの就活ハンドブック
- オムロンの就活ハンドブック
- キーエンスの就活ハンドブック

保　　険

- 東京海上日動火災保険の就活ハンドブック
- 第一生命ホールディングスの就活ハンドブック
- 三井住友海上火災保険の就活ハンドブック
- 損保ジャパンの就活ハンドブック

メディア

- 日本印刷の就活ハンドブック
- 博報堂 DY の就活ハンドブック
- TOPPAN ホールディングスの就活ハンドブック
- エイベックスの就活ハンドブック
- 東宝の就活ハンドブック

流通・小売

- ニトリ HD の就活ハンドブック
- イオンの就活ハンドブック
- ZOZO の就活ハンドブック

エンタメ・レジャー

- オリエンタルランドの就活ハンドブック
- アシックスの就活ハンドブック
- バンダイナムコ HD の就活ハンドブック
- コナミグループの就活ハンドブック
- スクウェア・エニックス HD の就活ハンドブック
- 任天堂の就活ハンドブック
- カプコンの就活ハンドブック
- セガサミー HD の就活ハンドブック
- タカラトミーの就活ハンドブック

▼会社別就活ハンドブックシリーズにつきましては，協同出版
のホームページからもご注文ができます。詳細は下記のサイ
トでご確認下さい。

https://kyodo-s.jp/examination_company